CRIMINAL PROFILING

Esplora le motivazioni dietro i crimini di un serial killer e penetra le oscurità della sua mente. Profila la condotta e i segnali del suo Modus Operandi per non caderne preda.

BARBARA ZIRONI

TRUE CRIME

Copyright © 2023 di Barbara Zironi

Tutti i diritti riservati. Nessuna parte di questa guida può essere riprodotta in qualsiasi forma senza il permesso scritto dell'editore, ad eccezione di brevi citazioni usate per la pubblicazione di articoli o recensioni.

Nota Legale

Le informazioni contenute in questo libro e i suoi contenuti non sono pensati per sostituire qualsiasi forma di parere medico o professionale; e non ha lo scopo di sostituire il bisogno di pareri o servizi medici, finanziari, legali o altri che potrebbero essere necessari. Il contenuto e le informazioni di questo libro sono stati forniti solo a scopo educativo e ricreativo.

Il contenuto e le informazioni contenuti in questo libro sono stati raccolti a partire da fonti ritenute affidabile, e sono accurate secondo la conoscenza, le informazioni e le credenze dell'Autore. Tuttavia, l'Autore non può garantirne l'accuratezza e validità e perciò non può essere ritenuto responsabile per qualsiasi errore e/o omissione. Inoltre, a questo libro vengono apportate modifiche periodiche secondo necessità. Quando appropriato e/o necessario, devi consultare un professionista (inclusi, ma non limitato a, il tuo dottore, avvocato, consulente finanziario o altri professionisti del genere) prima di usare qualsiasi rimedio, tecnica e/o informazione suggerita in questo libro.

Usando i contenuti e le informazioni in questo libro, accetti di ritenere l'Autore libero da qualsiasi danno, costo e spesa, incluse le spese legali che potrebbero risultare dall'applicazione di una qualsiasi delle informazioni contenute in questo libro. Questa avvertenza si applica a qualsiasi perdita, danno o lesione causata dall'applicazione dei contenuti di questo libro, direttamente o indirettamente, in violazione di un contratto, per torto, negligenza, lesioni personali, intenti criminali o sotto qualsiasi altra circostanza.

Concordi di accettare tutti i rischi derivati dall'uso delle informazioni presentate in questo libro.

Accetti che, continuando a leggere questo libro, quando appropriato e/o necessario, consulterai un professionista (inclusi, ma non limitati a, il tuo dottore, avvocato, consulente finanziario o altri professionisti del genere) prima di usare i rimedi, le tecniche o le informazioni suggeriti in questo libro.

Copyright © 2023 Barbara Zironi

Tutti i diritti riservati.

INDICE

INTRODUZIONE 5

STORIA DEL CRIMINAL PROFILING E SUA EVOLUZIONE: DA CESARE LOMBROSO ALL'FBI 7
Criminogenesi: Serial Killer si nasce, o si diventa? 12
   I fattori ambientali 14
   I fattori genetici. Il Gene Mutuato delle criminalità: MAO-A 17
Dunque, la Criminalita' e' un fattore genetico o ambientale? ... 21

TIPOLOGIE DI PROFILING 25
Analisi investigativa criminale (CIA) 26
Psicologia investigativa (IP) 28
Profilazione geografica 33
La teoria dei sei fattori di Canter 34

TIPOLOGIE DI SERIAL KILLER 37
Serial Killer organizzati e disorganizzati 37
Serial Killer Classico 39
Serial Killer Atipico 40
Serial Killer di Massa 42
Serial Killer a sfondo sessuale 44
Serial Killer Rituale – Sette e Culti 46
Angeli della Morte 48
Vedove Nere 50
Piromani 52

LA SCENA DEL CRIMINE 55
L'importanza del sopralluogo e delle procedure corrette di esecuzione 59

Analisi di una scena violenta del crimine 60
   Modus Operandi del Killer 61
   Firma del Killer 62
   Messa in scena o Staging 63
Fasi cruciali del metodo d'indagine di una scena del crimine .64
   Intervista 65
   Esame 69
   Fotografia 73
   Disegno 75
   Raccolta e conservazione delle prove 76

SERIAL KILLER DEL PASSATO. CENNI STORICI 79
Serial Killer Italiani 79
   Leonarda Cianculli ovvero La Saponificatrice di
   Correggio 81
   Tale Madre, Tale Figlia: Thofana D'adamo e Giulia
   Tofana 82
   Giovanna Bonanno ovvero La Vecchia dell'Aceto 84
   Il Mostro di Udine 86
Serial Killer Britannici 87
   William Burke e William Hare 89
   Mary Ann Cotton 90
   Amelia Dyer 92
   William Palmer ovvero il Principe degli Avvelenatori 93
Serial Killer Americani 95
   Mary Cowan ovvero La Borgia del Maine 96
   Felipe Espinosa 98
   Belle Gunness ovvero Lady Barbablu' 99
   Helm Boone ovvero Il Cannibale del Kentucky 101

CONCLUSIONI 103

BIBLIOGRAFIA 107

SITOGRAFIA 109

INTRODUZIONE

I serial killer affascinano da tempo il pubblico e i professionisti della giustizia penale.

Da Jack lo Squartatore a Ted Bundy, questi famigerati individui hanno lasciato un segno oscuro nella storia che non sarà mai dimenticato. Ma cosa li spinge? Cosa spinge qualcuno a commettere atti così efferati? Come è possibile commettere crimini così atroci con una certa freddezza?

Queste domande sono al centro del criminal profiling, una tecnica investigativa utilizzata dalle forze dell'ordine di tutto il mondo nel tentativo di risolvere casi di serial killer e altri criminali violenti.

In questo libro, facciamo un'immersione profonda in questo affascinante campo di studi, esplorando le sue origini nella psicologia e nella criminologia, come funziona nella pratica e perché ha avuto così tanto successo nell'aiutare a catturare alcuni dei più famosi criminali della storia.

Vi siete mai chiesti cosa rende un serial killer tale? Qual è la psicologia di questi individui? Perché agiscono in un certo modo? Perché alcuni di loro sembrano avere delle vere e proprie ossessioni per le loro vittime?

Per decenni, i professionisti della giustizia penale hanno cercato risposte a queste domande e proprio in questo libro esploreremo questo affascinante campo di studi e ne sveleremo i segreti.

Analizzeremo la storia e lo sviluppo della profilazione criminale, come funziona nella pratica e perché ha avuto così tanto successo nell'aiutare a catturare alcuni dei più famosi criminali della storia. Esamineremo anche le teorie psicologiche utilizzate dai profiler per identificare i possibili sospetti in base al loro comportamento e ad altri fattori.

Alla fine di questo libro, capirete non solo cosa motiva i serial killer, ma anche come le forze dell'ordine utilizzano le tecniche di profilazione criminale per consegnarli alla giustizia partendo proprio da ciò che la letteratura insegna in merito.

Questo non sarà l'unico tema che affronteremo; esamineremo nel dettaglio cosa significhi analizzare una scena del crimine. La scena del crimine, per definizione è il luogo fisico in cui si è verificato un reato. Può spaziare da una singola stanza di un'abitazione a un intero isolato della città e in qualsiasi punto intermedio. Include qualsiasi area che possa contenere prove relative al crimine, come impronte digitali, macchie di sangue, armi o altri materiali.

Questi luoghi sono spesso esaminati meticolosamente dalle forze dell'ordine e dagli scienziati forensi alla ricerca di indizi su ciò che è accaduto durante il crimine. Si sforzano di scoprire i fatti relativi agli eventi che hanno preceduto e seguito il crimine, al fine di identificare i sospetti e costruire solide prove contro di loro.

Esaminando attentamente ogni dettaglio, gli investigatori possono mettere insieme tutti i pezzi del puzzle, rendendo giustizia alle vittime e alle loro famiglie.

Della scena del crimine ne verranno descritte tutte le fasi e gli esami più importanti che i tecnici conducono al fine di acquisire prove significative utile alla ricostruzione del crimine. Proprio per questo motivo si parlerà di esame del DNA, interviste ai sospettatati e ai familiari delle vittime, fotografie generali e con la luce ultravioletta.

A conclusione del libro vedremo i casi dei serial killer italiani, britannici e americani più famosi così da conoscere la loro mente criminale e le loro storie tanto spaventose quanto affascinanti.

STORIA DEL CRIMINAL PROFILING E SUA EVOLUZIONE: DA CESARE LOMBROSO ALL'FBI

Con l'espressione "Criminal Profiling" si fa riferimento a tutto quell'insieme di attività il cui obiettivo è quello di ricostruire quale sia la personalità del potenziale autore del reato mediante l'analisi e lo studio di tutte quelle informazioni che si possono rintracciare a partire proprio dalla scena del crimine[1].

Le origini del criminal profiling possono essere fatte risalire alla fine del XIX secolo, quando un criminologo italiano di nome Cesare Lombroso propose la teoria dei "criminali nati"[2] nella sua opera intitolata "L'uomo delinquente". Lombroso riteneva che i criminali nascessero con alcuni tratti fisici e biologici che li distinguevano dai cittadini rispettosi della legge.

In particolare, per meglio comprendere quale fosse il pensiero di Lombroso, è possibile affermare che secondo lui i criminali non diventano tali, ma nascono con determinate caratteristiche fisiche e psicologiche che li predispongono al comportamento criminale.

---

[1] Di Giovanni V., *Il Criminal Profiling*, 2011, p. 1, reperibile in internet all'indirizzo: https://www.cepic-psicologia.it/wp-content/uploads/2019/08/tesi_digiovanni.pdf

[2] Balloni A., Bisi R., Sette R., *Principi di criminologia. Le Teorie*, Cedam, Padova, 2015, p. 43.

La teoria di Lombroso, sebbene ai giorni d'oggi possa apparire stramba, al tempo riscosse parecchio successo perché rappresentava, comunque, una teoria innovativa. La ragione risiede nel fatto che la stessa sfidava la convinzione comune che i criminali fossero "moralmente difettosi" o influenzati da fattori esterni come la povertà e la cattiva educazione.

La teoria di Lombroso sui criminali nati si basava su una serie di osservazioni fatte durante il periodo in cui era medico nell'esercito italiano. Nel 1876, Lombroso fu nominato direttore del nuovo manicomio di Pesaro. Durante questo periodo, condusse diverse autopsie sul cervello di criminali deceduti. Lombroso scoprì che i cervelli dei criminali erano più piccoli e di forma diversa rispetto a quelli dei non criminali. Riteneva che ciò fosse la prova di tendenze criminali intrinseche e sosteneva che i criminali fossero, di fatto, un tipo distinto di essere umano. I suoi studi si concentrano anche su un aspetto fondamentale della struttura del cranio ovvero la fossetta cerebellare mediana; secondo lui, infatti, i criminali presentavano una fossetta più pronunciata rispetto ai non devianti[3].

La teoria di Lombroso sui criminali nati va oltre le caratteristiche fisiche dei criminali. Riteneva anche che alcuni tratti psicologici e comportamentali differenziassero i criminali dai non criminali. Lombroso osservò che i criminali tendevano ad avere una bassa intelligenza, erano impulsivi e non avevano la capacità di provare colpa o rimorso. Riteneva che i criminali avessero maggiori probabilità di impegnarsi in comportamenti violenti e fossero predisposti a commettere reati come il furto, l'omicidio e lo stupro.

Questa teoria, sebbene ormai ampiamente screditata, ha influenzato lo sviluppo del criminal profiling all'inizio del XX secolo, quando psicologi e criminologi iniziarono a studiare il comportamento e la psicologia dei criminali.

Negli anni Cinquanta, uno psichiatra pioniere di nome James Brussel utilizzò le valutazioni psichiatriche per aiutare a identi-

---

3 *Ivi*, p. 48.

ficare il famigerato "Mad Bomber" che terrorizzò New York con una serie di ordigni esplosivi[4].

Nel mondo della psicologia forense, numerosi psicologi di fama hanno contribuito con metodologie e tecniche innovative a risolvere i crimini e a rendere giustizia alle vittime. James Brussel è ampiamente riconosciuto per il suo lavoro pionieristico nel campo della psichiatria forense, in particolare per il suo contributo all'identificazione del famigerato "Mad Bomber" di New York negli anni Cinquanta, come poche righe sopra anticipato.

L'abilità di Brussel nel tracciare il profilo del comportamento criminale e nel fornire analisi psicologiche ai tribunali è stata determinante per la risoluzione di alcuni dei casi di più alto profilo del suo tempo.

Nel 1957, la città di New York era in preda al panico a causa di una serie di attentati che si erano verificati in tutta la città per oltre 16 anni. I bombardamenti erano iniziati nel 1940 e nel 1957 c'erano stati oltre 30 attentati dinamitardi, tutti eseguiti da un colpevole sconosciuto. Queste bombe non erano destinate a causare gravi danni o a mietere vittime, ma infondevano un senso di paura e terrore nei cittadini della città.

Fu in questo momento cruciale che James Brussel fu chiamato dal Dipartimento di Polizia di New York e dal Procuratore Distrettuale di Manhattan Frank Hogan per aiutare a risolvere il mistero. Come un vero detective forense, Brussel si mise al lavoro, esaminando le scene del crimine, le prove e la documentazione storica di crimini simili in tutto il mondo per mettere insieme un profilo psicologico del colpevole.

Brussel ha utilizzato uno strumento psicologico chiamato "offender profiling" e si è basato molto sulle sue conoscenze di psicologia forense per sviluppare un profilo del "Mad Bomber". Ha suggerito che la persona dietro gli attentati era probabilmente di mezza età, aveva uno status sociale medio-basso

---

[4] Braccilli G., *Metodi di profiling e il caso di Mad Bomber,* 2021, reperibile in internet all'indirizzo: https://scienzecriminologiche.com/2021/10/17/metodi-di-profiling-e-il-caso-di-mad-bomber/

e probabilmente aveva vissuto un evento traumatico, sia nella sua prima vita che più recentemente. Brussel riteneva che si trattasse di una persona che aveva provato un forte senso di ingiustizia, probabilmente per mano di un ente governativo, e che a causa della rabbia o dell'angoscia fosse ricorsa agli attentati come modo per esprimersi.

Grazie a questo nuovo profilo psicologico, la polizia fu in grado di restringere l'elenco dei potenziali sospetti e alla fine, nel 1957, arrestò un uomo di nome George Metesky[5], ex dipendente della società elettrica Consolidated Edison. Metesky era un dipendente scontento che aveva subito delle lesioni mentre lavorava per l'azienda e aveva intrapreso gli attentati come modo per vendicarsi dell'azienda che riteneva gli avesse fatto un torto. Metesky ammise di aver commesso l'attentato e fu ritenuto legalmente pazzo e inviato in un ospedale per cure psichiatriche, dove rimase fino al 1973.

Solo negli anni '70 e grazie al lavoro di due agenti dell'FBI, John E. Douglas e Robert K. Ressler[6], il criminal profiling è diventato più diffuso e accettato come strumento investigativo legittimo. Douglas e Ressler svilupparono un metodo per analizzare le scene del crimine e intervistare i testimoni per creare un profilo psicologico dell'autore sconosciuto. Questa tecnica, nota per combinare l'osservazione dettagliata, l'analisi del comportamento e la psicologia criminale, è stata utilizzata per aiutare a risolvere casi di alto profilo come gli attacchi dei cecchini di Washington e gli omicidi di Ted Bundy.

Da allora, il criminal profiling ha continuato a evolversi e a perfezionarsi, grazie ai progressi della psicologia e delle scienze forensi che hanno portato a una comprensione più sofisticata del comportamento criminale.

Oggi gli esperti di criminal profiling lavorano a stretto contatto con le forze dell'ordine per analizzare le prove, interrogare i testimoni e creare i profili dei sospetti in un'ampia gamma di casi, dai serial killer ai criminali informatici. È indubbio so-

---

5 Seragusa L., *Introduzione al criminal profiling*, 2021, p. 13.
6 *Ivi*, p. 18.

stenere che negli ultimi tempi il criminal profiling sia andato incontro ad una serie di sviluppi e innovazioni. C'è stata una crescente enfasi sull'utilizzo di prove scientifiche e dati empirici per supportare le conclusioni del profiling criminale. Ciò significa che gli investigatori si basano sempre più su studi e ricerche accademiche per comprendere meglio i comportamenti criminali e prendere decisioni informate.

L'avanzamento delle tecnologie, come l'intelligenza artificiale, l'apprendimento automatico e l'analisi dei big data, sta avendo un impatto significativo sul campo del profiling criminale. Queste tecnologie possono aiutare a identificare modelli e correlazioni nascoste nei dati, migliorando così la capacità di individuare i responsabili di crimini complessi.

Con l'aumento dell'utilizzo di Internet e dei social media, il profiling digitale è diventato sempre più importante. Gli investigatori possono utilizzare le tracce digitali lasciate dai criminali per identificare pattern comportamentali, scoprire potenziali vittime o individuare potenziali sospetti.

Il criminal profiling si è esteso anche ai casi di terrorismo e crimini di massa, offrendo un'analisi approfondita dei modelli comportamentali, dei fattori motivazionali e delle strategie degli autori di tali crimini. In particolare il profiling nel contesto del terrorismo si basa su un'analisi dettagliata di elementi quali le tattiche utilizzate, le modalità operative, le strategie comunicative, i modelli comportamentali, i fattori motivazionali e le dinamiche di gruppo. Gli investigatori e gli analisti di intelligence utilizzano queste informazioni per cercare di identificare le caratteristiche e i tratti comuni tra gli autori di atti terroristici, al fine di comprendere meglio i loro obiettivi, le loro intenzioni e le possibili prossime azioni.

Nel contesto del terrorismo, il criminal profiling può contribuire a fornire indicazioni sugli obiettivi preferiti dai gruppi terroristici, i loro metodi di reclutamento, le possibili rotte di fuga e persino le identità dei membri chiave. L'analisi del comportamento e dei pattern può consentire di individuare le vulnerabilità nella pianificazione degli attacchi e di sviluppare strategie per prevenirli o mitigarne gli effetti.

È importante sottolineare che il profiling nel contesto del terrorismo presenta alcune sfide uniche. A differenza dei criminali tradizionali, gli autori di atti terroristici spesso agiscono in nome di ideologie politiche, religiose o sociali, il che rende le loro motivazioni più complesse da comprendere e prevedere. Inoltre, i gruppi terroristici possono operare in reti complesse e decentralizzate, il che rende più difficile individuare e profilare i singoli individui coinvolti.

Criminogenesi: Serial Killer si nasce, o si diventa?

Devianza e criminalità sono due concetti correlati fra loro; per definizione la devianza si riferisce a qualsiasi comportamento che violi le norme e i valori sociali. Il crimine, invece si riferisce a una specifica tipologia di devianza definita dalla legge e punibile dallo Stato.

La devianza è un fenomeno complesso e sfaccettato che può assumere molte forme. Comprende comportamenti che possono essere considerati innocui o addirittura desiderabili in alcuni contesti, ma che sono considerati inaccettabili o anormali in altri. Esempi di comportamenti devianti sono l'abuso di sostanze, il gioco d'azzardo, la promiscuità e persino forme non convenzionali di espressione personale, come modifiche del corpo o abiti non convenzionali.

La devianza può essere ulteriormente classificata in due tipi principali: primaria e secondaria. La devianza primaria è un comportamento temporaneo e relativamente minore che non ha conseguenze significative, mentre la devianza secondaria è un comportamento più serio e duraturo che può portare alla criminalità.

La devianza è stata una preoccupazione delle società nel corso della storia dell'umanità, poiché sconvolge l'ordine e la stabilità delle norme sociali. Lo studio della devianza come concetto ha origine dai primi lavori del sociologo francese Émile Durkheim, che ha introdotto l'idea della devianza come parte necessaria della società[7]. Egli sosteneva che la devianza esiste perché contribuisce all'equilibrio e alla coesione della società e quindi è un aspetto importante della vita sociale.

L'opera fondamentale di Durkheim, "Le regole del metodo sociologico", delinea la sua concezione della devianza, che definisce come qualsiasi comportamento che non rientra nei limiti degli standard socialmente accettati. Secondo Durkheim, la devianza non si basa solo sull'intenzione di un'azione, ma piuttosto sulla violazione delle regole sociali, stabilite collettivamente. La società, attraverso i suoi meccanismi di punizione, crea un'affermazione inequivocabile dei suoi valori e del suo potere sui suoi membri. Pertanto, le azioni devianti rappresentano una minaccia all'ordine normativo della società e devono essere sanzionate.

Inoltre, Durkheim riteneva che la devianza non fosse patologica o individualista, ma piuttosto un aspetto normale ed essenziale della vita sociale. Egli sosteneva che la devianza svolgeva tre funzioni critiche nella società: in primo luogo, promuoveva il cambiamento e l'innovazione sociale, poiché i devianti spesso sfidavano le norme esistenti e ne creavano di nuove. In secondo luogo, crea solidarietà sociale ricordando alle persone i valori e i principi condivisi, promuovendo così il conformismo e riducendo l'anomia. Infine, la devianza chiarisce i confini morali e rafforza le norme sociali, contribuendo alla stabilità e all'ordine sociale.

La criminalità, invece, è un concetto definito dalla legge. Si riferisce ad azioni che sono state esplicitamente identificate come illegali e punibili dallo Stato. Il comportamento criminale può manifestarsi in un'ampia gamma di forme, dal piccolo furto al crimine violento come l'omicidio o lo stupro.

Il crimine è un fenomeno presente nelle società umane fin dall'inizio dei tempi. La prima menzione del crimine può essere fatta risalire ad antiche civiltà come la Mesopotamia, dove vennero stabilite leggi per regolare il comportamento dei cittadini.

---

7 Balloni A., Bisi R., Sette R., *op. cit.*, p. 184.

Tuttavia, il concetto di crimine, così come lo intendiamo oggi, ha cominciato a emergere solo nel XVIII secolo.

L'epoca dell'Illuminismo vide un cambiamento nella concezione del crimine, che passò dall'essere visto come un peccato o una mancanza morale ad essere riconosciuto come una violazione del contratto sociale. Studiosi di diritto come Cesare Beccaria e Jeremy Bentham sostennero l'idea che le punizioni dovessero essere proporzionate alla gravità del reato commesso, un'idea che ha influenzato i sistemi giuridici di tutto il mondo.

Nel corso del XIX secolo, il crimine è stato sempre più definito dal concetto emergente di Stato-nazione e dalla sua necessità di regolare i propri cittadini. Ciò ha portato allo sviluppo delle forze di polizia, che hanno cercato di mantenere l'ordine sociale e di prevenire il crimine. Contemporaneamente, l'emergere della rivoluzione industriale e la crescita delle città hanno portato a nuove forme di criminalità, come il furto e la violenza.

Nel XX secolo, il crimine ha continuato a evolversi in modi nuovi e imprevisti. La crescita delle nuove tecnologie ha portato a nuove forme di criminalità, come la criminalità informatica, che è diventata un problema sempre più diffuso nella società moderna. Inoltre, i movimenti per la giustizia sociale e i diritti civili hanno portato l'attenzione su questioni di criminalità sistemica come la brutalità della polizia e il razzismo istituzionale.

La società continua a cambiare ed evolversi, così come la natura del crimine. Ciò che rimane costante è la necessità per le società di affrontare e regolare il comportamento criminale al fine di mantenere l'ordine sociale e garantire la sicurezza e il benessere dei cittadini.

I fattori ambientali

Nel corso del tempo sono stati tanti gli studiosi che hanno fornito il loro personale contributo allo studio della devianza e della criminalità, volendone anche in qualche modo comprendere e poi spiegare le motivazioni che vi sono alla base.

Alcune delle teorie più influenti in tal senso sono quelle secondo le quali a motivare il comportamento deviante siano i cosiddetti "fattori ambientali".

Una delle teorie più influenti che spiegano l'influenza dell'ambiente sulla devianza è la teoria della disorganizzazione sociale[8]. Questa sostiene che la mancanza di coesione sociale e l'incapacità di una comunità di sviluppare valori e norme condivise creano un ambiente favorevole ai comportamenti devianti. I fattori chiave che contribuiscono alla disorganizzazione sociale includono la povertà, l'eterogeneità razziale ed etnica, la sfiducia e un debole senso di comunità. Ad esempio, nelle comunità con alti tassi di criminalità, la povertà e la mancanza di risorse possono portare gli individui a comportamenti devianti come il furto e l'uso di droghe, tra gli altri.

Ho fatto riferimento ai tassi di criminalità proprio perché la teoria criminologica in esame si pone l'obiettivo di analizzare la relazione sussistente tra i tassi di criminalità e il contesto sociale di una comunità, teorizzando, come avrai ormai compreso, che l'ambiente sociale in cui le persone vivono influisca profondamente sui loro comportamenti individuali.

Gli studiosi, sostanzialmente, suggeriscono che il crimine si verifica nelle aree in cui la struttura sociale si è disgregata.

La teoria della disorganizzazione sociale è stata introdotta per la prima volta da due sociologi, Robert E. Park ed Ernest Burgess, negli anni Venti. In seguito è stata sviluppata dalla Scuola di sociologia di Chicago, dove i ricercatori hanno continuato a perfezionarla e ampliarla.

Uno dei principi fondamentali della teoria è che, in presenza di un alto livello di disorganizzazione sociale, il controllo sociale è minore. Senza un controllo sociale efficace, è più probabile che gli individui si impegnino in comportamenti criminali. Inoltre, la teoria della disorganizzazione sociale suggerisce che le aree con alti tassi di povertà e altri problemi sociali hanno meno probabilità di avere una forte presenza di polizia e quindi sono più inclini alla criminalità.

---

[8] Bortoletti M., *Analisi dei fenomeni devianti. Devianza. Teoria della devianza e della criminalità*, 2013, p. 9.

La teoria della disorganizzazione sociale suggerisce che questa può persistere nel tempo, portando a un ciclo di povertà, criminalità e, appunto, disorganizzazione sociale. Questo ciclo può essere difficile da spezzare e possono essere necessari cambiamenti sociali o economici per ridurre i fattori che contribuiscono alla disgregazione e declino della comunita'.

Un'altra teoria che evidenzia il ruolo dell'ambiente nella devianza è la teoria della tensione[9]. Volendo fornire un quadro generale della teoria in oggetto, secondo la stessa, gli individui che non sono in grado di raggiungere i propri obiettivi attraverso mezzi legittimi sono più propensi ad adottare comportamenti devianti per soddisfare le proprie aspirazioni. Ad esempio, se una persona non riesce a raggiungere un lavoro significativo, un'istruzione o altri obiettivi socialmente attesi, può ricorrere ad attività criminali come rapine, furti o spaccio di droga.

Più nel dettaglio, la teoria della tensione è una prospettiva sociologica che pone l'accento sulle relazioni interpersonali variabili e spesso conflittuali e sulle tensioni che le accompagnano. Sottolinea il fatto che la vita sociale è piena di interazioni sia cooperative che competitive, che portano a tensioni e conflitti. I principi della teoria si basano sugli studi sociologici condotti all'inizio del XX secolo da un sociologo tedesco di nome Georg Simmel. Secondo Simmel, la società non è del tutto stabile, ma esiste una tensione costante derivante dall'interazione di individui e gruppi all'interno della società.

Un aspetto importante della teoria della tensione è che tiene conto della molteplicità di prospettive in ogni interazione sociale. Riconosce che la vita sociale non è uniforme e che individui e gruppi diversi hanno motivazioni, atteggiamenti, comportamenti e interessi diversi. Pertanto, le interazioni sociali creano tensioni e conflitti quando persone con disposizioni opposte cercano di interagire e lavorare insieme. La teoria spiega che le tensioni all'interno della società sorgono a causa dei conflitti

---

9 Bortoletti M., *op. cit.*, p. 12.

di interesse tra individui e gruppi, delle diverse norme sociali e delle aspettative sul comportamento individuale.

Un altro aspetto importante della teoria della tensione è che riconosce il ruolo del potere nelle interazioni sociali e come la distribuzione del potere possa portare a tensioni. Secondo la teoria, le persone che detengono il potere hanno spesso il controllo delle risorse e la capacità di prendere decisioni, creando così disuguaglianze e tensioni. Le dinamiche di potere che esistono nella società sono responsabili della formazione dei nostri comportamenti e delle nostre decisioni; questa distribuzione del potere può portare alla coesione del gruppo o a tensioni e conflitti.

Il concetto di straniero e di estraneo è un altro aspetto chiave della teoria della tensione. Secondo Simmel, quando una persona entra in un nuovo gruppo sociale, spesso diventa un estraneo o uno straniero. Questa transizione può portare a tensioni, poiché l'estraneo è visto come un'entità sconosciuta che potrebbe potenzialmente rompere l'equilibrio sociale del gruppo. Questo aspetto della teoria si applica a molte interazioni sociali della nostra vita, come i colloqui di lavoro, le relazioni e gli eventi sociali.

I fattori genetici. Il Gene Mutuato delle criminalità: MAO-A

Le teorie criminologiche hanno cercato di spiegare il comportamento deviante per secoli. Una delle questioni più controverse in criminologia è il ruolo svolto dai fattori genetici nello sviluppo del comportamento criminale. Mentre alcuni studiosi hanno sostenuto che la genetica gioca un ruolo significativo nello spiegare il comportamento deviante, altri hanno confutato l'idea, sostenendo che la genetica gioca solo un ruolo limitato.

L'idea dell'influenza genetica, dunque, non è nuova in criminologia. Cesare Lombroso, il padre della criminologia moderna, introdusse il concetto di "criminale nato" già nel XIX secolo come ho anche spiegato in precedenza. Secondo Lombroso, per riprendere alcuni degli assunti principali della sua teoria, alcune persone avevano una tendenza intrinseca al comportamento criminale, che veniva trasmessa di generazione in generazione.

L'idea che la genetica abbia un ruolo nel comportamento criminale non è però priva di controversie. Gli studi hanno dimostrato, come ho anche spiegato nella prima parte del capitolo, che anche molti fattori ambientali, come la povertà, l'istruzione e l'ambiente familiare, hanno un impatto significativo sul comportamento criminale. È inoltre importante considerare le differenze tra le variazioni genetiche individuali e i contesti ambientali, sociali e culturali esistenti.

Nonostante queste riserve, esiste un crescente numero di prove che suggeriscono un legame tra genetica e comportamento criminale. Per esempio, uno studio sui bambini adottati in Danimarca ha rilevato che i bambini con genitori biologici che avevano precedenti penali avevano maggiori probabilità di impegnarsi in comportamenti criminali rispetto a quelli i cui genitori biologici non avevano precedenti penali. Un altro studio su gemelli identici ha trovato una maggiore correlazione tra il comportamento criminale rispetto a quello dei gemelli fraterni[10].

Alcuni studiosi hanno anche sostenuto che i fattori genetici potrebbero influenzare la propensione di alcuni individui a commettere comportamenti criminali. Essi sostengono che ciò potrebbe essere dovuto alla presenza di alcune mutazioni o anomalie genetiche che influenzano alcune strutture cerebrali e le loro funzioni. La teoria suggerisce che gli individui con questi fattori genetici hanno un rischio maggiore di sviluppare comportamenti devianti rispetto a quelli che ne sono privi. Tuttavia, questa teoria non è ampiamente accettata ed è ancora oggetto di ricerca da parte dei professionisti del settore.

È interessante approfondire il tema della genetica nell'ambito criminologico anche in virtù dei più recenti aggiornamenti in materia. Sto facendo riferimento, in particolare, al gene MAO-A.

Il gene MAO-A[11], comunemente definito "gene del crimine"

---

10 Balloni A., Bisi R., Sette R., *op. cit.*, p. 93.
11 Dna Express, *Il gene della criminalità esiste davvero?*, reperibile in internet all'indirizzo: https://www.dnaexpress.it/criminologia/gene-criminalita/#:~:text=-Numerosi%20studi%20di%20criminogenesi%20hanno,al%20comportamento%20 e%20all'umore

o "gene del guerriero", è stato oggetto di controversie e fascino nel campo della criminologia. Il gene, situato sul cromosoma X, codifica per la proteina monoamino ossidasi A (MAO-A), che svolge un ruolo cruciale nel metabolismo di neurotrasmettitori come serotonina, dopamina e noradrenalina.

Il gene MAO-A è stato collegato a comportamenti aggressivi e impulsivi, nonché a un maggior rischio di sviluppare il disturbo antisociale di personalità e il disturbo della condotta.

Diversi studi hanno riportato una maggiore prevalenza della variante MAO-A a bassa attività in individui con una storia di comportamenti violenti e attività criminali. Questa variante è caratterizzata da una riduzione dell'attività della MAO-A, che porta a un accumulo di neurotrasmettitori come la serotonina e la dopamina, con conseguente alterazione della regolazione emotiva e del comportamento impulsivo.

Uno degli studi più importanti sul gene MAO-A è stato condotto da Caspi e colleghi nel 2001[12]. Lo studio è una ricerca innovativa che getta una luce significativa sulla complessa relazione tra genetica e comportamento. Lo studio era incentrato sull'indagine del gene MAO-A e sul suo ruolo nella modulazione del comportamento aggressivo, in particolare in risposta a fattori di stress ambientali. Questo studio è di enorme importanza per molteplici ragioni, tra cui l'identificazione del gene che può governare il comportamento aggressivo e le possibili vie di trattamento di questo comportamento.

Per illustrare il loro punto di vista, il team di Caspi ha studiato una coorte di oltre 1.000 ragazzi neozelandesi nati nel 1972-73, le cui varianti del gene MAO-A sono state identificate attraverso l'analisi del DNA. Seguendo lo sviluppo dei ragazzi fino ai 20 anni, i ricercatori sono stati in grado di stabilire un legame tra le varianti specifiche della MAO-A e il comportamento criminale, la violenza criminale e il comportamento antiso-

---

[12] Bertelloni D., *Epigenetica e comportamento. Evidenze su 5-HTTLPR e MAOA tra depressione e aggressività,* 2022, reperibile in internet all'indirizzo: https://www.unopsicologo.it/epigenetica-e-comportamento-evidenze-su-5-httlpr-e-mao-a-tra-depressione-e-aggressivita/

ciale. Hanno scoperto che coloro che presentavano la variante del gene MAO-A avevano un rischio maggiore di impegnarsi in comportamenti violenti, ma solo quando erano esposti a una particolare serie di fattori di stress ambientali, come il maltrattamento infantile.

Lo studio ha rivelato un effetto significativo e individuale, che era notevole nei maschi, che erano più aggressivi. Inoltre, gli scienziati hanno scoperto che non c'era alcuna differenza sostanziale tra i portatori di sesso maschile e femminile per quanto riguarda l'interferenza del nutrimento durante l'infanzia sulla delinquenza violenta.

I risultati dello studio sono degni di nota perché indicano che i geni e l'ambiente interagiscono per influenzare il comportamento, con le variazioni genetiche che hanno un impatto maggiore di quanto ritenuto in precedenza. Sebbene la genetica svolga un ruolo cruciale, la genetica da sola non determina il comportamento. È la relazione interattiva tra geni e ambiente che offre una comprensione più completa del comportamento delle persone.

A tal punto, nonostante la forte associazione tra il gene MAO-A e il comportamento violento, molti ricercatori sostengono che i fattori genetici da soli non possono spiegare completamente il comportamento criminale. Infatti, anche i fattori ambientali, come l'abuso infantile, l'abbandono e la povertà, giocano un ruolo significativo nella formazione del rischio di comportamento antisociale di un individuo.

Inoltre, alcuni studiosi criticano l'uso del termine "gene del crimine" in quanto semplifica eccessivamente la complessa interazione tra fattori genetici e ambientali nel determinare il comportamento criminale. Essi sostengono che etichettare il gene MAO-A come "gene del crimine" può portare alla stigmatizzazione e alla discriminazione degli individui con la variante a bassa attività, che non sono necessariamente predisposti al comportamento criminale.

Dunque, la Criminalita' e' un fattore genetico o ambientale?

Come si e' potuto comprendere dalla lettura dei paragrafi precedenti la questione se criminali si nasce o si diventa è stata a lungo dibattuta. Gli studiosi hanno assunto nel corso del tempo diverse posizioni; ci sono coloro che, come chi ha formulato la teoria della disorganizzazione sociale, credono che siano i fattori ambientali a motivare i comportamenti devianti e chi, invece, crede si tratti di genetica.

Tuttavia, la nozione di determinismo genetico, al giorno d'oggi, è stata ampiamente screditata dalla psicologia moderna. Questa idea presuppone che i tratti e il comportamento dell'individuo siano predeterminati dalla sua genetica; ma con il progredire degli studi è stato dimostrato che la genetica rappresenta solo una piccola parte del comportamento di un individuo. I fattori ambientali e sociali di cui si è discusso prima giocano, invece, un ruolo molto più importante.

Un autore che ha contribuito in modo significativo a quest'area di ricerca è Robert Agnew[13]. Nella sua teoria dello stress generale, Agnew sostiene che il comportamento deviante è il risultato dell'esposizione a tensioni, stress e pressioni nell'ambiente di un individuo. Queste tensioni possono derivare da fattori come la privazione economica o la vittimizzazione, che portano gli individui a ricorrere al comportamento deviante come meccanismo di coping.

Allo stesso modo, la teoria dell'apprendimento sociale sostiene che il comportamento deviante venga appreso attraverso le interazioni con gli altri nell'ambiente di un individuo. Questo può includere le influenze dei genitori, degli amici o anche dei media.

La teoria dell'apprendimento sociale, nota anche come teoria cognitiva sociale, è una teoria psicologica sviluppata da Albert

---

[13] Froggio G., *La devianza delinquenziale giovanile. Analisi prisosociale di un fenomeno complesso,* Laurus Robuffo, Roma, 2014, p. 209.

Bandura, psicologo canadese, a metà del XX secolo. La teoria suggerisce che le persone imparano osservando i comportamenti e i risultati degli altri nel loro ambiente sociale e che i nostri processi cognitivi, come la memoria e la motivazione, svolgono un ruolo cruciale in questo processo di apprendimento.

Uno degli assunti principali della teoria dell'apprendimento sociale è che il comportamento non è semplicemente il risultato di stimoli esterni, ma anche un prodotto dei processi cognitivi e delle caratteristiche della personalità dell'osservatore. Ciò significa che gli individui non sono destinatari passivi dell'ambiente, ma elaborano attivamente le informazioni e scelgono come rispondere ad esse. Bandura ha parlato di determinismo reciproco, in cui il comportamento, i fattori ambientali e quelli personali si influenzano a vicenda in una complessa e continua interazione dinamica.

Un altro presupposto della teoria dell'apprendimento sociale è che l'attenzione svolge un ruolo fondamentale nel processo di apprendimento. Secondo Bandura, gli individui hanno maggiori probabilità di apprendere da un modello se prestano attenzione al comportamento del modello stesso e ai suoi risultati. Pertanto, i processi attenzionali sono importanti per filtrare e selezionare le informazioni che guideranno il comportamento di un individuo.

Il terzo assunto chiave della teoria dell'apprendimento sociale è che il rinforzo e la punizione possono modellare il comportamento di un individuo. Il rinforzo si riferisce al processo di aumento della probabilità di ripetere un comportamento, mentre la punizione si riferisce al processo di riduzione della probabilità di ripetere un comportamento. Bandura ha proposto che gli individui sono più propensi a imitare il comportamento di un modello se ricevono una forma di rinforzo per farlo.

La teoria dell'apprendimento sociale di Bandura ha implicazioni significative per campi come l'educazione, la terapia comportamentale e gli studi sui media. Per esempio, gli insegnanti possono usare la teoria per progettare pratiche didattiche efficaci che utilizzano tecniche di modellazione e rinforzo per incoraggiare gli studenti ad apprendere comportamenti specifici. La teoria è stata utilizzata anche nello sviluppo della terapia cognitivo-comportamentale, che enfatizza il ruolo della cognizione nel cambiamento del comportamento.

Per concludere questo breve excursus teorico, la teoria dell'etichettamento, invece, sostiene che gli individui vengono etichettati come devianti dalla società, portandoli ad accettare e interiorizzare l'etichetta. Questo può portare a una profezia che si autoavvera, in cui gli individui si impegnano in comportamenti che rafforzano l'etichetta che gli è stata data.

La teoria dell'etichettamento è una teoria sociale che suggerisce che la devianza e il comportamento criminale non sono insiti negli individui o nelle loro azioni, ma sono invece il prodotto delle reazioni della società a tali azioni. Questa teoria è stata formulata dai sociologi Howard Becker e Edwin Lemert negli anni Sessanta[14].

Secondo la teoria dell'etichettamento, la devianza non è un attributo intrinseco di un individuo o di un atto. Si tratta invece di un'etichetta che la società impone a determinati comportamenti e individui. La teoria suggerisce che un individuo può impegnarsi in un particolare comportamento, ma solo quando la società lo etichetta come deviante, criminale o anormale, diventa deviante.

La teoria dell'etichettamento, quindi, suggerisce che le reazioni sociali sono quelle che in ultima analisi determinano se un individuo è considerato o meno deviante. Queste reazioni sociali possono includere sanzioni formali, come l'arresto, la condanna e il carcere, o sanzioni informali, come lo stigma e la discriminazione.

Un altro punto importante della teoria dell'etichettamento è che le etichette stesse non sono oggettive, ma piuttosto soggettive e basate sulle definizioni sociali di ciò che è normale o accettabile. Questa soggettività può portare a disparità nel modo in cui i diversi gruppi vengono etichettati e trattati dalla società.

Inoltre, la teoria dell'etichettamento suggerisce che il siste-

---

[14] Balloni A., Bisi R., Sette R., *op. cit.*, p. 248.

ma di giustizia penale e altre istituzioni sociali possono effettivamente rafforzare il comportamento deviante etichettando gli individui come devianti e stigmatizzandoli, il che può portare a un ciclo di devianza e attività criminale.

Riassumendo, e' importante notare che i fattori genetici possono certamente giocare un ruolo nel comportamento, ma non lo determinano. In effetti, ci sono poche prove a sostegno dell'idea che la genetica sia una causa primaria del comportamento deviante. Gli individui sono invece influenzati da una vasta gamma di fattori ambientali e sociali, oltre che dalla loro personalità ed esperienza di vita.

TIPOLOGIE DI PROFILING

Il profiling criminologico, noto anche come criminal profiling o behavioral profiling, è una tecnica utilizzata nelle indagini penali per analizzare i modelli comportamentali degli individui coinvolti in un crimine, come ho spiegato nel primo capitolo. Questo metodo svolge un ruolo fondamentale nell'applicazione della legge moderna, fornendo informazioni cruciali sull'identità, le motivazioni, le caratteristiche e le potenziali azioni future dei criminali.

Grazie alle tecniche di profiling gli investigatori possono identificare con maggior certezza i possibili colpevoli di un crimine. Analizzando i dettagli della scena del crimine e i modelli comportamentali, il profiling può fornire indicazioni preziose sul profilo dell'autore come, ad esempio, l'età, il genere, l'occupazione ed anche le caratteristiche psicologiche. Tutte queste informazioni, come ben puoi immaginare, aiutano a restringere il campo dei sospettati e a concentrare le indagini, aumentando le possibilità di successo nella risoluzione del caso.

L'attività di profiling è anche utile al fine di anticipare i comportamenti futuri: il profiling, infatti, cerca di comprendere le motivazioni, i modelli e i tratti comportamentali degli autori di reati e proprio tale attività di comprensione può essere d'ausilio alla prevenzione dei comportamenti criminali futuri.

Sostanzialmente, il profiling criminale fornisce un supporto importante alle indagini. Gli investigatori possono trarre vantaggio dalle analisi psicologiche e comportamentali fornite dal profilo, che possono aiutare a identificare le prove rilevanti, suggerire domande mirate durante gli interrogatori o indirizzare ulteriori indagini. Il profiling può anche fornire una prospettiva più ampia sul caso, aiutando a collegare tra loro diversi reati o ad identificare eventuali schemi ricorrenti.

In linea generale è possibile individuare quattro diverse tipologie di profiling; queste verranno descritte qui di seguito.

Analisi investigativa criminale (CIA)

L'analisi investigativa criminale (CIA), nota anche come analisi comportamentale[15], è un metodo di analisi delle scene del crimine e del comportamento criminale volto all'identificazione dei modelli e dei possibili moventi dell'autore del reato. Questa tecnica è utilizza dalla psicologia, dalla criminologia e dalle scienze forensi più in generale al fine di sviluppare un profilo dell'autore del reato e contribuire alla cattura dei responsabili. Solitamente il metodo in esame viene applicato nel momento in cui ci si trova dinnanzi a crimini complessi come omicidi seriali e aggressioni sessuali.

Una delle caratteristiche principali dell'analisi investigativa criminale, da adesso CIA, è che prevede l'identificazione di uno o più potenziali sospetti sulla base dell'analisi delle prove disponibili, comprese quelle fisiche e le dichiarazioni dei testimoni. Gli investigatori utilizzano una serie di tecniche, come la ricostruzione della scena del crimine, i test forensi e il profilo psicologico, per costruire un quadro completo del crimine e dell'individuo o degli individui responsabili.

La ricostruzione della scena del crimine appena citata è il processo di analisi e interpretazione delle prove trovate sulla stessa con l'obiettivo di determinare come e perché si è verificato il crimine.

Il processo prevede una serie di fasi che devono essere seguite per garantire che la ricostruzione sia accurata e completa; dev'essere prima di tutto garantito che gli operatori indossino

---

[15] Bruzzone R., *Crime Scene Reconstruction e Criminal Investigative Analysis*, reperibile in internet all'indirizzo: https://robertabruzzone.com/crime-sce/

quei dispositivi di sicurezza tali per cui la scena del crimine non possa essere alterata[16].

La prima fase della ricostruzione della scena del crimine è la documentazione della scena. Si tratta di prendere appunti, fotografie e video della scena del crimine da diverse angolazioni. Queste informazioni sono fondamentali per la successiva ricostruzione del crimine, poiché possono essere utilizzate come prove in tribunale. Errori o omissioni nella documentazione possono portare a una ricostruzione errata, rendendo le prove inutili nel processo legale.

La seconda fase è la raccolta delle prove fisiche. Si tratta di elementi come impronte digitali, campioni di DNA e armi[17]. È fondamentale raccogliere queste prove in modo sistematico e attento, conservandole in modo da consentire ulteriori analisi. Una manipolazione maldestra delle prove può danneggiarle, rendendole inutili o causando errori nella ricostruzione del crimine.

Una volta raccolte le prove, la fase successiva è la loro analisi. Si tratta di test e analisi di laboratorio per ricavare informazioni su ciò che è avvenuto sulla scena del crimine. In questa fase, gli esperti possono determinare dettagli importanti come l'arma utilizzata, la causa della morte e la sequenza degli eventi che hanno portato al crimine. La fase appena descritta è cruciale, in quanto fornisce informazioni che possono essere utilizzate nella fase successiva, ovvero la ricostruzione del crimine.

La quarta fase è quella che attiene alla ricostruzione del crimine. Utilizzando tutte le prove raccolte e analizzate, gli esperti e gli investigatori possono ricostruire la sequenza di eventi che ha portato al crimine. Ciò può comportare la verifica di ipotesi, lo sviluppo di scenari e l'analisi delle prove fisiche. Questa fase è fondamentale nel processo legale, in quanto fornisce una base per le teorie sull'accaduto da verificare in tribunale.

---

16 Legione Carabinieri Toscana, *Approccio alla scena del crimine*, reperibile in internet all'indirizzo: http://www.crimontiprenestini.it/images/Manuali/Approccio_alla_scena_del_crimine.pdf

17 Parroni E., Sorrenti M. T., Traditi F., *La scena del crimine: il sopralluogo e il ruolo del medico legale*, 2009, p. 19.

La fase finale, per concludere, è la presentazione della ricostruzione. È il momento in cui tutte le prove e le analisi vengono presentate agli investigatori, ai pubblici ministeri e agli avvocati della difesa. La ricostruzione deve essere presentata in modo chiaro e accessibile, affinché possa essere compresa da tutti. Una presentazione chiara della ricostruzione può essere essenziale per ottenere giustizia per le vittime e prevenire crimini futuri.

Una ulteriore caratteristica del metodo in esame – CIA - è che quest'ultima è fortemente incentrata sulla comprensione della personalità, delle motivazioni e dei comportamenti dell'autore del reato. Questo permette agli investigatori di sviluppare un profilo che può aiutarli a prevedere i tipi di crimini che l'autore potrebbe commettere in futuro e potenzialmente identificare altre vittime se l'autore ha un modello di comportamento.

Un altro aspetto chiave della CIA è l'uso di test forensi, che possono includere l'analisi del DNA, le impronte digitali e i test balistici, tra gli altri. Questi test possono aiutare gli investigatori a identificare i sospetti e a stabilire un collegamento tra la scena del crimine e l'autore del reato.

Psicologia investigativa (IP)

La psicologia investigativa è una disciplina moderna dedicata allo studio del comportamento umano, dei processi di pensiero e dei modelli decisionali. L'obiettivo principale di questa disciplina è quello di svelare le ragioni alla base delle attività criminali per tracciare un profilo e arrestare i criminali con la maggiore precisione possibile. In particolare, la psicologia investigativa si occupa di comprendere come reperire ed anche valutare l'informazione investigativa così da poterla utilizzare nel modo più efficace possibile[18].

---

18 Rossi L., Zappalà A., *Che cos'è la psicologia investigativa*, Carocci, Roma, 2004, p. 28.

La disciplina in esame affonda le sue radici nel lavoro dello psicologo britannico David Canter negli anni Ottanta. L'ampia ricerca di Canter sul comportamento criminale hanno gettato le basi per gli sviluppi successivi del settore.

In particolare, il lavoro di Canter, a cui faro' accenno anche nei paragrafi successivi, si è concentrato principalmente sull'identificazione e sul profilo degli autori di reati, utilizzando i dati provenienti dalle scene del crimine per sviluppare una comprensione completa dell'individuo responsabile del crimine.

Uno degli assunti principali di Canter è che il comportamento umano non è casuale, ma segue piuttosto un modello. Questo schema può essere analizzato utilizzando metodi scientifici e tecniche di profiling criminale per identificare le caratteristiche dei criminali, come il loro modus operandi, le loro abitudini e le loro motivazioni. Canter ritiene che, analizzando questi modelli, le forze dell'ordine possano sviluppare strategie efficaci per prevenire e risolvere i crimini.

Altri influenti ricercatori e professionisti, come Ian Stephen, Ray Bull e Paul Britton, hanno ulteriormente ampliato la disciplina.

Ian Stephen, per esempio, è un criminologo il cui contributo è stato significativo nell'evoluzione del criminal profiling; è nato nel Regno Unito, ha studiato psicologia all'Università di Edimburgo e con oltre tre decenni di esperienza nelle forze dell'ordine, ha aiutato le stesse, in tutto il contesto europeo e nord americano, a risolvere casi criminali di alto profilo.

L'interesse di Stephen per l'identificazione di modelli di comportamento criminale è iniziato all'inizio della sua carriera, quando ha lavorato con la polizia scozzese per indagare su omicidi, stupri e altri crimini violenti. Ha osservato che alcuni tipi di criminali hanno caratteristiche specifiche che li distinguono dalla popolazione generale. Studiando queste caratteristiche, ha ideato un metodo di profiling criminale che prevede la valutazione della personalità, del background sociale e psicologico e dei fattori situazionali di un criminale per sviluppare un profilo completo.

I metodi di profiling di Stephen hanno aiutato le forze dell'ordine a risolvere diversi casi di alto profilo, tra cui il caso dello Squartatore dello Yorkshire negli anni Settanta. Ha lavorato con un team di psicologi che hanno analizzato gli scritti del criminale e intervistato i testimoni per creare un profilo dettagliato dell'autore del reato. Il profiling ha aiutato la polizia a restringere l'elenco dei sospetti e alla fine ha portato all'arresto dell'assassino.

Il lavoro di Stephen ha contribuito anche alla comprensione dei serial killer e degli psicopatici. Ha identificato diverse caratteristiche comuni a questi criminali, come la mancanza di empatia, l'impulsività e una storia di abusi o di abbandono. Studiando queste caratteristiche, ha sviluppato tecniche per identificare e rintracciare serial killer e altri pericolosi criminali.

Oltre al profiling, Stephen ha contribuito anche allo sviluppo dell'analisi della scrittura forense. Ha aiutato le forze dell'ordine a identificare i criminali analizzando la loro calligrafia e ha persino sviluppato uno strumento software in grado di identificare i cambiamenti nella calligrafia di un individuo nel corso del tempo.

Ray Bull, invece, è un professore di psicologia criminologica presso un'università del Regno Unito e, nel settore in esame, è molto apprezzato per i suoi contributi al campo del criminal profiling.

Il lavoro del professor Bull ha influenzato il campo del criminal profiling, come dimostrano le sue numerose pubblicazioni e i suoi interventi a conferenze internazionali. È stato inoltre consulente delle forze dell'ordine di tutto il mondo, tra cui la National Policing Improvement Agency del Regno Unito, che ha richiesto la sua esperienza per sviluppare il programma di psicologia investigativa.

Uno dei contributi più significativi del professor Bull al campo della profilazione criminale è stato lo sviluppo del sistema di profilazione dei trasgressori (OPS), ampiamente utilizzato dalle forze dell'ordine di tutto il mondo. L'OPS è un sistema scientificamente valido e convalidato empiricamente che tiene conto di una serie di variabili, tra cui i dati demografici, la personalità, il comportamento e le prove della scena del crimine, per creare un profilo dell'autore più probabile.

Inoltre, il lavoro del professor Bull ha approfondito la comprensione degli aspetti psicologici del crimine e del comportamento dei criminali. Ha condotto ricerche approfondite su argomenti quali il processo decisionale dei criminali, gli interrogatori della polizia e i metodi di profiling psicologico. La sua ricerca ha chiarito i meccanismi psicologici che influenzano la decisione di un criminale di commettere un crimine e come questi siano correlati alle prove della scena del crimine.

Paul Britton è forse una delle figure più note nel campo del criminal profiling[19]. Britton è uno psicologo clinico con una specializzazione in psicologia forense e il suo contributo al criminal profiling è stato immenso.

Paul Britton è nato nel 1946 a Nottingham, in Inghilterra e ha completato la sua formazione presso l'Università di Nottingham nel 1968 e successivamente ha conseguito un master in psicologia clinica presso l'Università di Sheffield. Nel 1972 ha conseguito il dottorato di ricerca nello stesso campo presso l'Università di Liverpool. Britton ha iniziato la sua carriera come psicologo clinico lavorando principalmente con bambini che avevano subito abusi sessuali.

Alla fine degli anni '80, Britton si è interessato al campo del criminal profiling. È stato molto influenzato dal lavoro della Behavioral Science Unit (BSU) dell'FBI e dal profiler criminale John Douglas. Britton ha completato un programma di formazione di sei mesi con la BSU e ha iniziato la sua carriera di profiler criminale con la polizia britannica.

L'approccio di Britton al profiling criminale era unico. Credeva che i criminali avessero un movente specifico e che il loro comportamento fosse guidato da specifici fattori scatenanti. Credeva inoltre che i criminali lasciassero degli schemi che potevano essere utilizzati per identificarli e arrestarli. La metodo-

---

[19] CrimeHQ, *Psychological Criminal Profiling With Paul Britton*, reperibile in internet all'indirizzo: https://www.crimehq.com/crimeconversations-with-paul-britton

logia di Britton prevedeva un'analisi approfondita delle prove sulla scena del crimine e della psicologia del criminale.

Uno dei contributi più significativi di Britton al criminal profiling è il suo lavoro sul caso "Hannibal Lecter". Il caso riguardava una serie di omicidi commessi da un uomo che era stato soprannominato "Il Drago Rosso". Britton fu chiamato a collaborare alle indagini e la sua analisi contribuì all'arresto e alla condanna dell'assassino.

Britton ha lavorato anche su una serie di altri casi di alto profilo, come il caso dell'omicidio di Rachel Nickell e il caso dell'omicidio di Jill Dando. In entrambi i casi, le analisi e i profili di Britton hanno aiutato la polizia a identificare e arrestare i sospetti.

Nel corso della sua carriera, Britton è diventato anche uno studioso dell'importanza delle relazioni tra gli individui coinvolti in un crimine. Nel suo libro, *The Jigsaw Man*, Britton racconta le sue esperienze come profiler criminale e descrive l'importanza di comprendere le relazioni non solo tra vittima e colpevole, ma anche tra la vittima e i suoi cari.

Oggi la psicologia investigativa è un campo interdisciplinare che attinge a diverse discipline, tra cui la criminologia, la psicologia e la sociologia.

Una delle caratteristiche principali della psicologia investigativa, come anticipato, è l'attenzione ai processi mentali del criminale, come il processo decisionale, la percezione e la memoria. Questo campo di studi enfatizza il ruolo dei cosiddetti "fattori situazionali" che circondano un crimine e il modo in cui possono influenzare la cognizione e il comportamento di un criminale. Gli psicologi investigativi utilizzano queste informazioni per sviluppare un profilo del criminale basato sulla sua personalità, sul suo comportamento e sulla sua motivazione. Questo approccio al profilo criminale è migliorato significativamente in termini di accuratezza e affidabilità e si è rivelato fondamentale per aiutare le forze dell'ordine ad arrestare i colpevoli.

Un'altra caratteristica della psicologia investigativa è l'uso dell'analisi statistica per sviluppare i profili dei criminali. La disciplina si basa molto su grandi insiemi di dati ottenuti dalle scene del crimine, dal sistema di giustizia penale e dalle interviste ai criminali per creare modelli di comportamento e schemi criminali. Per esempio, l'analisi dei collegamenti comportamentali è una tecnica che aiuta a identificare le connessioni tra i diversi crimini commessi dallo stesso individuo, portando allo sviluppo di profili accurati che aumentano le probabilità di catturare l'autore del reato.

Profilazione geografica

Il profiling geografico[20] è un approccio strategico utilizzato dalle forze dell'ordine per indagare e risolvere indagini criminali complesse. Questa tecnica innovativa prevede l'analisi delle scene del crimine e la creazione di un profilo geografico dell'autore del reato basato su molteplici aspetti, come la posizione dei reati, il mezzo di trasporto utilizzato e il profilo della vittima. L'obiettivo principale del profilo geografico è quello di restringere l'elenco dei potenziali sospetti e di identificare il luogo più probabile di residenza dell'autore del reato.

Uno dei pionieri del profiling geografico è Kim Rossmo, ex agente di polizia e criminologo, che ha sviluppato il concetto di mappatura o analisi della localizzazione dei crimini seriali. L'approccio di Rossmo si basa sul principio che i modelli di crimine non sono casuali, ma che hanno schemi spaziali che possono essere individuati e analizzati a fini investigativi. Il suo lavoro ha contribuito a far luce sul comportamento psicologico e spaziale dei criminali seriali, rendendo possibile l'identificazione di modelli nel loro comportamento criminale.

Un vantaggio significativo del profiling geografico è che fornisce un modo oggettivo e sistematico per indagare sui crimini e identificare potenziali sospetti. Analizzando i modelli di comportamento criminale, gli investigatori possono prendere deci-

---

20 Magliocca D., *Geographic profiling,* 2021, reperibile in internet all'indirizzo: https://www.onap-profiling.org/geographic-profiling/

sioni più informate riguardo alle ricerche e all'allocazione delle risorse per risolvere i crimini. Il profiling geografico può anche fornire un approccio inter-agenzia, consentendo a più agenzie di lavorare insieme per risolvere indagini criminali complesse.

Sebbene i vantaggi del profiling geografico siano molteplici, esso presenta anche alcuni limiti. La tecnica richiede notevoli competenze e risorse per condurre un'analisi accurata. Inoltre, il profiling geografico può talvolta condurre a errori e pregiudizi se l'investigatore si basa troppo su ipotesi o dati limitati.

La teoria dei sei fattori di Canter

La teoria delle sfaccettature di Canter è una teoria psicologica sviluppata da David Canter nei primi anni Ottanta[21]. Questa teoria si basa sull'idea che la personalità degli individui possa essere sostanzialmente scomposta in un certo numero di sfaccettature distinte e indipendenti fra loro.

Le sfaccettature identificate nella teoria di Canter sono utilizzate per spiegare come le persone si comportano in varie situazioni del mondo reale e come interagiscono con gli altri.

La teoria delle sfaccettature, dunque, si basa sul concetto che la personalità di un individuo è costituita da una serie di aspetti o sfaccettature diverse, ciascuna delle quali rappresenta una dimensione indipendente della personalità. Secondo l'autore del modello, queste sfaccettature possono essere utilizzate per prevedere il comportamento di una persona in diverse situazioni.

La teoria in esame identifica sei diverse sfaccettature e queste sono l'estroversione, la gradevolezza, la coscienziosità, l'apertura, il nevroticismo e lo psicoticismo.

L'estroversione è la sfaccettatura che descrive il livello di comportamento estroverso e di interazione sociale di una persona. Questa sfaccettatura è associata a tratti come la loquacità,

---

21 Saladino V., *Psicologia investigativa*, 2017, reperibile in internet all'indirizzo: https://www.psicotypo.it/psicologia-investigativa/

l'assertività e la socievolezza. Le persone che ottengono un punteggio elevato in estroversione tendono a essere estroverse e a socializzare volentieri con gli altri.

L'accettabilità è l'aspetto che descrive il livello di preoccupazione per gli altri e la disponibilità a soddisfare le esigenze altrui. Questa sfaccettatura è associata a tratti come la compassione, l'empatia e la cooperazione. Le persone che ottengono un punteggio elevato nella gradevolezza tendono a essere gentili, collaborative e a preoccuparsi del benessere degli altri.

La coscienziosità è l'aspetto che riguarda invece l'organizzazione, la motivazione e l'orientamento agli obiettivi di una persona. Questa sfaccettatura è associata a tratti quali efficienza, responsabilità e autodisciplina. Le persone che ottengono un punteggio elevato nella coscienziosità tendono a essere organizzate, motivate e orientate agli obiettivi.

L'apertura è l'aspetto che descrive il livello di creatività e curiosità intellettuale di una persona. Questa sfaccettatura è associata a tratti come l'immaginazione, la creatività e l'apertura a nuove esperienze. Le persone che ottengono un punteggio elevato in termini di apertura tendono a essere creative, fantasiose e aperte.

Il nevroticismo si riferisce al livello di instabilità emotiva e la tendenza alle emozioni negative di una persona. Questa sfaccettatura è associata a tratti come l'ansia, la consapevolezza di sé e la vulnerabilità. Le persone con un punteggio elevato di nevroticismo tendono a essere emotivamente instabili, ansiose e incline alle emozioni negative.

Lo psicoticismo, infine, è l'aspetto che descrive il livello di eccentricità, impulsività e disprezzo delle norme sociali di una persona. Questo aspetto è associato a tratti quali impulsività, aggressività e testardaggine. Le persone che ottengono un punteggio elevato nello psicoticismo tendono a essere eccentriche, impulsive e più propense a non rispettare le norme e le convenzioni sociali.

Nonostante la teoria in questione sia stata parecchio acclamata in virtù del suo contributo allo sviluppo del criminal profiling, ritengo doveroso riportare in questa sede anche le critiche che ha ricevuto nel tempo. Alcune delle principali obiezioni ricevute dai detrattori ha riguardato la mancanza di validità scientifica. Alcuni critici sostengono che la teoria dei sei fattori manchi di validità scientifica, in quanto si basa principalmente su osservazioni e intuizioni di esperti anziché su prove empiriche solide. La teoria non ha una base teorica chiara e non è stata ampiamente sottoposta a studi e ricerche per verificare la sua validità e la sua capacità di predire con precisione il comportamento criminale.

Altri studiosi sono intervenuti poi nella questione ritenendo che i fattori proposti da Canter siano ambigui e soggettivi. Alcuni critici ritengono che questi fattori siano troppo ampi e vaghi, rendendo difficile la loro applicazione coerente e affidabile. Inoltre, la definizione e l'interpretazione di ciascun fattore possono variare a seconda dell'analista, portando a risultati diversi e non coerenti.

La teoria dei sei fattori di Canter è stata anche criticata per la sua capacità limitata di predire con precisione il comportamento criminale. Alcuni critici sostengono che l'uso dei sei fattori può fornire solo una comprensione superficiale dei casi, senza fornire una previsione accurata degli atteggiamenti e delle azioni future dei criminali.

Infine, la teoria di Canter è stata criticata anche da chi ritiene che la stessa non possa essere utilizzata in modo generale nell'analisi di tutti i killer e i contesti criminali. I critici, in questo caso, sostengono che la teoria delle sfaccettature ben si adatti solo ad alcune tipologie di reati e che, invece, in altri si dimostra completamente inefficace.

TIPOLOGIE DI SERIAL KILLER

Il termine "serial killer" viene utilizzato per indicare quegli individui che abbiano commesso tre o più omicidi nell'arco di un certo periodo di tempo.

Il termine "serial killer" è stato utilizzato per la prima volta negli anni '70, in occasione di una serie di macabri omicidi avvenuti a Los Angeles. Prima di allora, gli individui che commettevano più omicidi venivano definiti "assassini di massa" o "strangolatori". Fu in quel periodo che il Federal Bureau of Investigation (FBI) iniziò a indagare sui casi di omicidio seriale e a sviluppare profili per comprendere le motivazioni e il comportamento di questi individui.

Uno dei più noti serial killer della storia è Ted Bundy, il quale ha confessato di aver ucciso oltre 30 giovani donne ed è spesso citato come esempio di assassino «carismatico», che usa fascino e arguzia per attirare le vittime verso la morte. Jeffrey Dahmer, un altro famigerato assassino, era affascinato dalla necrofilia e dal cannibalismo.

Le motivazioni e il comportamento degli assassini seriali sono complessi e vari, ma tutti condividono la mancanza di empatia per le loro vittime e il disprezzo per la vita umana.

Serial Killer organizzati e disorganizzati

I serial killer sono stati per decenni un argomento di interesse per il pubblico e per la comunità psicologica. La classificazione dei serial killer organizzati e disorganizzati è stata individuata e studiato dal Federal Bureau of Investigation (FBI).

I serial killer organizzati sono quelli che pianificano i loro crimini e sono metodici nel loro approccio. Hanno un alto livello di controllo nelle loro azioni e lasciano poche o nessuna prova dietro di sé. Gli assassini organizzati sono spesso descritti come intelligenti, istruiti e socialmente competenti. Tuttavia, sono esperti nel mimetizzarsi con l'ambiente circostante, rendendo difficile la loro identificazione come sospetti. Tendono a essere altamente narcisisti, il che li porta spesso a comunicare con la polizia e i media per vantarsi dei loro crimini[22].

I serial killer disorganizzati[23], invece, sono impulsivi e spesso agiscono spontaneamente. Commettono i loro crimini senza pianificazione o premeditazione e lasciano dietro di sé prove fisiche evidenti. Sono spesso descritti come malati di mente, con bassi livelli di intelligenza. Gli assassini disorganizzati tendono ad avere difficoltà sociali, che spesso si traducono in scarso rendimento lavorativo e relazioni instabili. In genere hanno una storia di malattie mentali o problemi di abuso di sostanze, che contribuiscono alla mancanza di controllo sulle loro azioni.

La classificazione dei serial killer organizzati e disorganizzati è stata introdotta negli anni Settanta dall'agente dell'FBI John Douglas, di cui si e' parlato nel precedente capitolo. Egli propose di utilizzare le informazioni raccolte dalle scene del crimine, dalla vittimologia e dal comportamento dell'autore per classificare i serial killer. Il sistema di classificazione di Douglas ha contribuito a stabilire un modo per differenziare i diversi tipi di assassini e per identificarne le motivazioni.

È importante notare che, sebbene la distinzione tra organizzati e disorganizzati sia utile per comprendere i comportamenti degli assassini seriali, non si tratta di una divisione netta. Molti assassini seriali possono presentare caratteristiche sia di assas-

---

[22] Bonfiglio M., *Serial Killer: differenza fra organizzati e disorganizzati*, reperibile in internet all'indirizzo: https://www.formazionepromethes.it/serial-killer-differenza-fra-organizzati-e-disorganizzati/#:~:text=1.,fortuita%20e%20scelta%20al%20momento.

[23] *Ibidem*.

sini organizzati che disorganizzati. Il sistema di classificazione dell'FBI fornisce un quadro di riferimento che può aiutare investigatori e ricercatori a comprendere e indagare sui crimini degli assassini seriali.

Serial Killer Classico

I serial killer sono noti per i loro omicidi accuratamente pianificati ed eseguiti per un lungo periodo, spesso senza un motivo o uno schema riconoscibile.

Il termine "serial killer", come ho già detto nelle prime righe introduttive al capitolo, non esisteva fino agli anni Settanta. Fu usato per la prima volta da Robert Ressler[24], un agente dell'FBI in pensione che lavorava nell'Unità di Scienze Comportamentali. All'inizio degli anni '70, Ressler stava indagando su una serie di omicidi in Florida. Questi omicidi erano collegati fra loro e, pian piano, cominciò a emergere uno schema. Erano tutti commessi da un individuo sconosciuto che uccideva più persone, spesso in modo raccapricciante, lasciando dietro di sé poche o nessuna prova.

Ressler, insieme al suo collega John E. Douglas, si rese conto che questi omicidi non erano opera di criminali convenzionali. Ritenevano che il colpevole stesse uccidendo intenzionalmente più persone e che non si trattasse di un evento unico. Riconoscevano che si trattava di un nuovo tipo di crimine, che richiedeva una nuova definizione.

Così coniarono il termine "Serial Killer". Il termine è stato poi riconosciuto ufficialmente dall'FBI all'inizio degli anni '80 e da allora è diventato una parte importante della criminologia e della cultura popolare.

Il serial killer classico è di solito un maschio bianco, di mezza età, estraneo alla società e non sposato. È noto per avere un QI

---

24 Severini I., *I serial killer*, 2017, reperibile in internet all'indirizzo: http://www.crimint.it/i-serial-killer/

elevato e molti di loro mostrano tratti psicopatici. Nella maggior parte dei casi, i serial killer classici prendono di mira un gruppo specifico di persone, come i lavoratori del sesso, gli autostoppisti o gli studenti universitari.

Gli studi sulla comprensione dei serial killer si sono evoluti nel tempo. L'immagine del serial killer classico è diventata un po' obsoleta, perché ora sappiamo che i serial killer provengono da tutti i ceti sociali e da tutti i contesti. Gli studi hanno dimostrato che possono essere di qualsiasi etnia, sesso e contesto socio-economico.

Inoltre, le ricerche attuali dimostrano che gli assassini seriali hanno spesso una storia di traumi infantili. Questi possono anche portare a un disturbo dello sviluppo che, a sua volta, potrebbe condurre gli individui ad agire in modo violento. Inoltre, i progressi della tecnologia hanno reso più facile identificare e rintracciare gli assassini seriali, nonché collegare tra loro crimini che un tempo si pensava non fossero correlati.

Serial Killer Atipico

A differenza dell'immagine stereotipata di un maschio bianco, solitario, che uccide per motivi sessuali o sadici, il serial killer atipico[25] sfugge alla classificazione, mostrando una varietà di caratteristiche e motivazioni che sfidano la nostra comprensione di chi siano questi individui e di cosa li spinga a commettere crimini efferati.

La definizione di serial killer atipico è stata molto dibattuta tra i criminologi. Alcuni studiosi usano il termine per descrivere qualsiasi serial killer che si discosta dalla norma, mentre altri sostengono che ci sono criteri specifici che devono essere soddisfatti per essere considerati atipici. In generale, comunque, i

---

25 Massaro B., *Serial killer atipici: forme particolari e non comuni di omicidio seriale*, 2015, reperibile in internet all'indirizzo: http://www.latelanera.com/serialkiller/cerealwiki/wiki.asp?id=329

serial killer atipici sono quelli che non rientrano nel profilo del tipico serial killer e presentano una serie di caratteristiche che li rendono unici e difficili da classificare.

Una caratteristica dei serial killer atipici è che spesso hanno un livello di istruzione superiore e sono più abili socialmente rispetto alla media dei serial killer. Possono anche avere un lavoro, una famiglia e altri legami sociali, il che li rende più difficili da identificare e catturare. Alcuni serial killer atipici possono anche avere un partner romantico con cui si confidano o che coinvolgono nei loro crimini.

Un'altra caratteristica dei serial killer atipici è che possono avere una gamma più ampia di motivazioni per i loro crimini. Mentre le motivazioni sessuali e sadiche sono ancora presenti in alcuni casi, altri serial killer atipici possono essere motivati dalla vendetta, dal desiderio di attenzione o fama, o da un programma ideologico o politico. Ciò rende più difficile comprendere le loro motivazioni e prevedere il loro comportamento, rendendoli più pericolosi.

Diversi studiosi hanno fatto ricerche e scritto su questa specifica tipologia di serial killer. La dottoressa Katherine Ramsland, psicologa forense, ha scritto molto sulla psicologia dei serial killer, compresi quelli atipici. Sostiene che, sebbene esistano alcuni tratti comuni tra gli assassini seriali, non esiste un approccio univoco alla loro comprensione e che ogni individuo deve essere esaminato caso per caso.

Anche il dottor Michael Stone, psichiatra e professore alla Columbia University, ha studiato i serial killer atipici. Nel suo libro "The Anatomy of Evil" (L'anatomia del male), esplora il concetto di "gradazioni del male", sostenendo che esistono diversi livelli di gravità del comportamento criminale e che alcuni serial killer atipici possono rientrare in una categoria di criminali completamente diversa.

Serial Killer di Massa

I serial killer di massa sono individui che commettono più omicidi in un breve periodo, in genere in un unico luogo o durante un evento specifico[26]. Questi crimini efferati hanno scioccato e terrorizzato le persone per decenni, e l'entità della violenza e la mancanza di rimorso esibita dagli autori li hanno resi alcuni dei criminali più noti della storia.

Uno dei più famigerati serial killer di massa di tutti i tempi è Ted Bundy. Bundy è noto per aver ucciso almeno trenta donne in diversi Stati americani durante gli anni Settanta. Era spesso descritto come affascinante e intelligente, il che gli permetteva di attirare facilmente le vittime nella sua auto o in luoghi isolati dove le avrebbe aggredite sessualmente e uccise. Nonostante il suo fascino esteriore, Bundy era un assassino meticoloso e depravato che aveva persino tentato di rapire e uccidere una bambina di dodici anni.

Un altro caso notevole di serial killer di massa è stato il duo composto da John Allen Muhammad e Lee Boyd Malvo, noto anche come Beltway Snipers. Nell'ottobre 2002 hanno compiuto una serie di sparatorie nell'area metropolitana di Washington DC che hanno provocato la morte di dieci persone. I loro attacchi sono stati condotti con un alto grado di pianificazione e precisione che ha terrorizzato l'intera regione e ha lasciato le forze dell'ordine perplesse per settimane.

Oltre a questi due casi, esistono numerosi altri esempi di serial killer di massa che hanno commesso atroci atti di violenza come quello di Anders Behring Breivik. Si tratta di un serial killer norvegese che ha compiuto uno dei massacri più letali della storia moderna. Il 22 luglio 2011 Breivik ha fatto esplodere una bomba a Oslo, uccidendo otto persone e ferendone molte altre. In seguito si è recato sull'isola di Utoya, dove ha compiuto una serie di sparatorie in un campo estivo per giovani membri del

---

26 Mastronardi V. M., Calderaro M., *I killer di massa. Dalle stragi di Charles Manson al massacro di Columbine. Dagli omicidi in famiglia di Erika e Omar a Pietro Maso*, Newton Compton Editori, 2022.

Partito Laburista Norvegese. Breivik ha usato il suo addestramento militare per dare metodicamente la caccia e sparare a 69 persone, per lo più adolescenti, con l'intenzione di "punire" quella che considerava l'ideologia liberale del governo. Il suo piano di uccidere in serie è stato il risultato di anni di pianificazione e di preparazione; lui stesso ha pubblicato un manifesto di 1518 pagine che delinea le sue idee suprematiste bianche, la paranoia anti-musulmana e l'invito ad una guerra violenta contro il multiculturalismo in Europa. L'attacco a Utoya è stato meticolosamente pianificato, con Breivik che si è travestito da agente di polizia per ingannare le vittime e far credere loro di essere li per aiutarle. Il serial killer è stato dichiarato colpevole di tutti i capi d'accusa, tra cui terrorismo e omicidio di massa. È stato condannato a 21 anni di carcere, la pena massima prevista in Norvegia. Da allora ha dichiaro di non avere rimpianti per le sue azioni e di considerarsi un eroe.

Un ultimo caso che intendo riportare qui è quello di Seung-Hui Cho, un serial killer di massa di origine sudcoreana che ha compiuto una delle sparatorie scolastiche più letali della storia degli Stati Uniti d'America. Il 16 aprile 2007, Cho ha ucciso 32 persone e ne ha ferite altre 17 alla Virginia Tech University di Blacksburg, in Virginia. A Cho, che aveva una storia di malattie mentali, era stato precedentemente diagnosticato un grave disturbo d'ansia ed era considerato un pericolo per se stesso e per gli altri.

La serie di omicidi di massa di Cho è iniziata al mattino presto, quando ha ucciso due persone nella West Ambler Johnston Hall, una residenza nel campus della scuola. In seguito si è recato alla Norris Hall, un edificio adibito ad aule, dove ha ucciso 30 persone in due attacchi separati utilizzando due pistole. Cho si è poi suicidato prima che le autorità potessero arrestarlo.

Dopo la sparatoria, è stato rivelato che Cho aveva una storia di problemi di salute mentale, tra cui depressione e disturbo d'ansia sociale. Era stato anche indagato dalla polizia del campus e ritenuto una potenziale minaccia per se stesso e per gli altri. Tuttavia, non è stata presa alcuna misura per evitare la sparatoria.

La sparatoria al Virginia Tech ha portato a un aumento significativo della discussione e dell'attuazione della legislazione sul controllo delle armi negli Stati Uniti. Ha inoltre evidenziato la necessità di migliorare i servizi di salute mentale e il sostegno alle persone affette da malattie mentali.

Ciò che tutti i serial killer hanno in comune è la mancanza di empatia e di rimorso, quasi inconcepibile per una persona comune. Molti di questi assassini si scatenano senza un chiaro motivo e i loro atti sono solitamente associati a sentimenti di potere e controllo.

L'impatto dei serial killer di massa non si limita alle vittime immediate e alle loro famiglie. Le onde d'urto delle loro azioni si ripercuotono su intere comunità e possono far sentire le persone vulnerabili e spaventate. I sopravvissuti possono impiegare anni per guarire dalle cicatrici emotive subite e l'impatto di questi crimini può anche avere un riverbero significativo sulle politiche pubbliche e sulle pratiche di applicazione della legge.

Serial Killer a sfondo sessuale

Gli assassini seriali a sfondo sessuale – accostamento terminologico piuttosto recente che è possibile far risalire alla fine del XIX secolo[27] - sono individui che commettono omicidi multipli in modo seriale a causa dei loro desideri sessuali. Questi assassini sono spesso spinti da un bisogno di potere, controllo e gratificazione sessuale, che traggono dai loro crimini efferati.

Le possibili motivazioni psicologiche che portano gli individui a diventare serial killer a sfondo sessuale sono complesse e multifattoriali. Questi individui hanno spesso una storia di abusi, traumi o negligenza, che li porta a provare una rabbia profonda e un bisogno di vendetta. Possono anche soffrire di disturbi della personalità come il disturbo antisociale di perso-

---

[27] Vitale D. M., Petruccelli I., *Serial Killers a sfondo sessuale: psicopatia e schemi sessuali devianti,* 2015, p. 23.

nalità, in cui mancano di empatia e non rispettano le norme e le regole della società.

Le motivazioni psicologiche che spingono gli individui a diventare serial killer a sfondo sessuale possono anche essere attribuite al loro desiderio di potere e controllo. Questi individui si sentono spesso impotenti nella vita di tutti i giorni e l'atto di uccidere potrebbe fornire loro un senso di controllo sulla vita delle loro vittime. L'aspetto sessuale degli omicidi è spesso legato a questo bisogno di controllo, poiché l'assassino trae piacere sessuale dall'atto di dominare e sottomettere le proprie vittime.

Un'altra possibile motivazione psicologica che porta gli individui a diventare serial killer a sfondo sessuale è il desiderio di attenzione e notorietà. Questi individui spesso desiderano l'attenzione che i loro crimini suscitano, e la copertura mediatica e il clamore pubblico che accompagnano i loro crimini forniscono loro un senso di convalida e importanza.

Un esempio di serial killer a sfondo sessuale è quello di Jeffrey Dahmer, che ha ucciso almeno 17 uomini e ragazzi tra il 1978 e il 1991. Dahmer aveva un passato di violenza sessuale e necrofilia, e i suoi crimini spesso comportavano smembramenti, cannibalismo e conservazione di parti del corpo.

Gary Ridgway, noto anche come "Green River Killer", è un altro esempio di serial killer a sfondo sessuale. È stato condannato per aver ucciso 49 donne nello Stato di Washington tra il 1982 e il 2001. La sua vera identità non era nota fino al suo arresto nel 2001. L'assassino si chiamava Gary Ridgway ed era nato nel 1949 a Salt Lake City, nello Utah.

Il primo omicidio noto del Green River Killer avvenne nel luglio 1982, quando il corpo di una ragazza di 16 anni di nome Wendy Lee Coffield fu trovato nel Green River nella contea di King, a Washington. Nei cinque anni successivi sono state uccise altre decine di giovani donne, i cui corpi sono stati spesso ritrovati nel Green River o nelle sue vicinanze. L'assassino era noto per aver preso di mira le prostitute e le giovani donne vulnerabili, spesso strangolandole e gettando i loro corpi in aree remote.

Nonostante un'intensa indagine condotta dall'ufficio dello

sceriffo della contea di King, il Green River Killer continuò a uccidere con allarmante regolarità. Nel 1985 il bilancio delle vittime aveva raggiunto le 20 unità e all'inizio degli anni '90 era salito a 48. A questo punto, il Green River Killer era noto per essere uno dei serial killer più prolifici della storia degli Stati Uniti.

Nel 2001, dopo quasi due decenni di indagini, i progressi della tecnologia del DNA portarono finalmente all'arresto di Gary Ridgway. Gli investigatori sospettavano da tempo che Ridgway fosse il Green River Killer, ma non avevano le prove necessarie per incriminarlo fino a quando la prova del DNA non lo collegò definitivamente a diversi omicidi. In cambio di evitare la pena di morte, Ridgway si è dichiarato colpevole di 49 capi d'accusa per omicidio, con molte delle sue vittime ancora non identificate. È stato condannato all'ergastolo senza possibilità di libertà vigilata.

Il caso del Green River Killer rimane una delle indagini più agghiaccianti e complesse della storia degli Stati Uniti[28]. La capacità dell'assassino di sfuggire all'individuazione per così tanti anni, unita alla natura efferata dei suoi crimini, ha lasciato un segno indelebile nella coscienza americana. Nonostante la giustizia sia stata fatta nei confronti dell'assassino, le famiglie delle sue vittime piangeranno per sempre la vita dei loro cari, persi troppo presto per mano di uno degli assassini più prolifici della storia degli Stati Uniti.

Serial Killer Rituale – Sette e Culti

Gli assassini seriali rituali sono individui che commettono omicidi multipli in modo specifico, spesso con un particolare significato religioso o culturale. Questi assassini sono tipica-

---

[28] Balsamo M., *Volevo arrivare a 100: il killer inchiodato dal DNA dopo 49 omicidi*, 2023, reperibile in internet all'indirizzo: https://www.ilgiornale.it/news/cronaca-internazionale/gary-ridgway-green-river-killer-che-firm-almeno-49-omicidi-2110909.html

mente associati a sette o culti[29], dove l'ideologia o le credenze condivise dal gruppo possono giustificare o addirittura glorificare le loro azioni.

L'esempio più famoso di serial killer rituale appartenente a una setta è la Manson Family. Alla fine degli anni '60, Charles Manson guidò i suoi seguaci in una serie di omicidi che, a suo dire, avevano lo scopo di incitare una guerra razziale. I membri della Manson Family credevano in un bizzarro mix di cristianesimo, Scientology e antica mitologia egizia. I brutali omicidi venivano condotti come parte del loro contorto tentativo di provocare una fine del mondo apocalittica.

Un altro esempio di setta coinvolta in omicidi seriali rituali è l'Ordine del Tempio Solare. Questo gruppo era una propaggine dei Cavalieri Templari e i suoi membri credevano che dopo la morte sarebbero rinati su un pianeta in orbita attorno alla stella Sirio. I leader del gruppo, Luc Jouret e Joseph Di Mambro, ordinarono l'assassinio di diversi membri considerati traditori del gruppo. Nel 1994, i rituali suicidi-omicidi dell'Ordine hanno provocato la morte di 16 membri in Svizzera e in Canada.

Il culto Heaven's Gate è un altro esempio di gruppo di serial killer rituali. Il culto credeva in esseri extraterrestri che sarebbero venuti sulla Terra per salvarli dal mondo "corrotto". Nel 1997, 39 membri si sono suicidati durante un rituale di massa che, secondo loro, avrebbe permesso loro di unirsi agli esseri alieni sulla loro nave spaziale.

Questo fenomeno dei gruppi di serial killer rituali non è esclusivo degli Stati Uniti, anche altre culture ne hanno. In India, il culto dei Thuggee, che ha operato per diverse centinaia di anni, prendeva di mira i viaggiatori che non si fidavano di loro. Il gruppo era noto per i suoi metodi di strangolamento, utilizzando una garrota o una sciarpa cerimoniale chiamata rumal. Il culto Thuggee credeva che la morte delle vittime fosse un sacrificio alla loro dea Kali. Si stima che questo culto abbia ucciso

---

[29] Vitale I., *Omicidio rituale seriale nelle sette,* reperibile in internet all'indirizzo: https://www.igorvitale.org/omicidio-rituale-seriale-nelle-sette/

fino a due milioni di persone prima che l'Impero britannico ponesse fine al loro regno del terrore a metà del 1800.

Angeli della Morte

L'espressione "Angeli della morte" si riferisce a una particolare categoria di serial killer[30] che prende di mira soprattutto persone vulnerabili come bambini, pazienti anziani o disabili. Questi tipi di assassini sono in genere professionisti del settore medico, tra cui medici, infermieri, assistenti e altri operatori sanitari. Sebbene si trovino in posizioni di fiducia, spesso ne approfittano e usano le loro conoscenze mediche per fare del male alle loro vittime.

Le motivazioni alla base delle azioni degli Angeli della Morte sono diverse. Alcuni assassini tendono a credere di alleviare il dolore e la sofferenza dei loro pazienti accelerando la morte. Questi individui agiscono con un senso di compassione ed empatia mal riposto che li porta a uccidere per pietà le loro vittime designate. Altri Angeli della Morte possono essere motivati dal desiderio di attenzione, di potere o di soddisfare i loro desideri sadici. Alcuni sono motivati da guadagni finanziari, come i rimborsi assicurativi, mentre altri possono farlo per soddisfare il proprio ego o per dimostrare la propria superiorità rispetto ai colleghi.

Gli Angeli della Morte si distinguono dagli altri serial killer perché spesso commettono crimini di omicidio o eutanasia in ambienti clinici. I loro esperti conoscono bene l'ambiente di lavoro, come ospedali e strutture di cura. In questi ambienti, gli assassini hanno accesso a risorse come farmaci e attrezzature mediche e, poiché fanno parte della comunità medica, le loro azioni spesso passano inosservate.

---

[30] Rapisarda C., *Angeli della morte, sei casi dal 1992*, 2016, reperibile in internet all'indirizzo: https://www.agi.it/cronaca/medico_infermiera_killer_eutanasia_saronno_precedenti-1283062/news/2016-11-29/

Guardando ad alcuni esempi storici di questa categoria di serial killer, Harold Shipman, noto anche come Dottor Morte, è considerato uno degli assassini più famosi della Gran Bretagna. Nel corso di 23 anni, Shipman uccise almeno 250 dei suoi pazienti attraverso overdose di diamorfina. Fu uno degli angeli della morte piu' prolifici degli annali di criminologia. Fini' la sua esistenza impiccandosi nella sua cella di prigione, dopo essere stato processato e condannato per omicidio.

Allo stesso modo, Genene Jones, un'infermiera del Texas, ha ucciso circa sessanta bambini sotto le sue cure iniettando loro dosi letali di farmaci. È stata catturata, processata e condannata all'ergastolo.

Un altro famosissimo esempio di Angelo della Morte è quello di Niels Hogel. Si tratta di un serial killer tedesco che ha commesso almeno ottantacinque omicidi durante la sua carriera come infermiere, benche' se ne sospettino molti di piu'. Nato nel 1976, in Germania, Högel ha dimostrato sin da giovane un interesse per la medicina e la cura delle persone. Tuttavia, il suo desiderio di aiutare gli altri si è trasformato in una terribile ossessione per il potere e il controllo sulla vita e sulla morte.

Högel ha lavorato in diverse strutture ospedaliere nel corso degli anni, inclusi l'ospedale di Delmenhorst e l'ospedale universitario di Oldenburg. Durante il suo impiego come infermiere, ha iniziato a somministrare dosi letali di farmaci ai pazienti, provocando deliberatamente il loro decesso. Le vittime di Högel comprendevano pazienti ricoverati per varie condizioni mediche, tra cui alcuni che si trovavano in fase di recupero.

I dubbi sul comportamento di Hogel sono iniziati quando alcuni pazienti inaspettatamente sono deceduti durante il suo turno di lavoro. Gli investigatori hanno notato un'eccessiva frequenza di morti sospette mentre Hogel era presente. Questo ha dato il via ad un'indagine che ha portato alla scoperta delle sue attività criminali.

Nel 2005 Hogel è stato arrestato per omicidio e per tentato omicidio di numerosi pazienti. Durante il processo ha ammesso di aver ucciso intenzionalmente almeno 30 persone, ma gli inquirenti sospettano che il numero reale delle sue vittime possa essere molto più alto. Il modus operandi di Hogel consisteva nel somministrare dosi eccessive di farmaci che causavano arresti cardiaci o insufficienza respiratoria. Poi, fingeva di rianimare i pazienti per mostrarsi come un eroe agli occhi dei colleghi e dei superiori.

Tre anni dopo, nel 2008, Hogel è stato condannato all'ergastolo per gli omicidi commessi. La sua storia ha scosso profondamente la comunità tedesca e ha portato ad una revisione delle procedure e dei controlli ospedalieri per prevenire simili tragedie in futuro.

Niels Hogel rappresenta un caso di estrema perversione del dovere di un infermiere, che invece di proteggere e curare i pazienti, ha deliberatamente inflitto loro la morte.

Vedove Nere

Un tipo specifico di serial killer che ha catturato l'attenzione dei criminologi è quello della "vedova nera". Questo termine è generalmente usato per descrivere le donne che uccidono i loro coniugi o partner romantici[31].

Le vedove nere sono un affascinante oggetto di studio perché sovvertono i ruoli e le aspettative di genere tradizionali. Storicamente, le donne sono state viste come il genere più debole e sottomesso nelle relazioni. Tuttavia, le vedove nere sfidano questo concetto approfittando dei loro partner, spesso basandosi sulle loro capacità di manipolazione sociale ed emotiva per avere accesso alle loro vittime.

Le motivazioni alla base delle uccisioni delle vedove nere sono complesse e varie e possono includere il guadagno economico, il desiderio di potere e controllo o la vendetta. Molte vedove nere hanno motivazioni economiche e uccidono i loro partner per riscuotere l'assicurazione sulla vita o altri risarci-

---

[31] Corona S., *7 tipologie di donne serial killer*, 2020, reperibile in internet all'indirizzo: https://www.samuelecorona.com/7-tipologie-di-donne-serial-killer/

menti. Altre possono essere spinte dal desiderio di potere e di controllo, provando piacere nel manipolare il partner e, infine, nel togliergli la vita. Alcune vedove nere uccidono i loro partner per vendicarsi di torti reali o percepiti, tra cui infedeltà o abusi.

Un famoso esempio di questa tipologia è Belle Gunness, attiva all'inizio del XX secolo.

Belle Gunness è stata una delle più famose serial killer americane, nota come "La Vedova Nera di La Porte". Se ne parlera' oltre nel capitolo dedicato ai serial killer americani.

Un'altra famigerata vedova nera fu Nannie Doss, conosciuta anche come "The Giggling Granny", attiva dagli anni Venti agli anni Cinquanta. Quattro mariti, due nipoti, sua madre, sua sorella e una suocera figurano tra le vittime designate.

La sua metodologia per ucciderle era solitamente tramite l'avvelenamento con arsenico o altri veleni. La motivazione principale di Nannie sembrava essere l'avidità finanziaria, poiché uccideva i suoi coniugi per ottenere benefici economici come polizze assicurative sulla vita o eredità.

La sua carriera criminale ha attirato l'attenzione delle autorità solo dopo la morte del suo quarto marito, Samuel Doss, nel 1954. Le indagini successive hanno rivelato una serie di omicidi precedenti, e Nannie Doss è stata arrestata, processata per omicidio e condannata all'ergastolo.

Nel 1955, Nannie Doss ha confessato i suoi crimini e ha ammesso di aver ucciso 11 persone, ma ci sono sospetti che il numero effettivo delle sue vittime possa essere stato ancora più alto.

Le vedove nere sono una categoria unica e inquietante di serial killer che continua ad affascinare criminologi e pubblico. Sebbene le loro motivazioni e i loro metodi possano essere diversi da quelli di altri serial killer, l'impatto dei loro crimini non è meno devastante. Esaminando le cause e la psicologia alla base degli omicidi delle vedove nere, i ricercatori sperano di comprendere meglio questo particolare tipo di killer e di capire come prevenire le loro azioni.

Piromani

I serial killer piromani sono un sottoinsieme di assassini seriali che traggono piacere dall'appiccare il fuoco a edifici o altre proprietà. Questi individui presentano un disturbo psicologico che li spinge a provocare incendi ripetutamente ed in modo irrefrenabile[32]. La piromania, come viene chiamata, è un raro disturbo psicologico che può portare all'incendio doloso compulsivo. I serial killer piromani di solito si divertono a guardare la distruzione causata dall'incendio che hanno appiccato.

La motivazione principale degli assassini seriali piromani non è uccidere le persone; piuttosto, provano piacere nell'appiccare il fuoco. Tuttavia, molti serial killer piromani hanno ucciso persone indirettamente attraverso gli incendi che hanno appiccato. Molti hanno causato incendi che hanno ucciso persone e alcuni hanno persino appiccato incendi per coprire omicidi che avevano commesso.

Uno dei serial killer piromani più noti è John Orr, soprannominato il "piromane dei pompieri". Nato nel 1949, Orr si unì al Dipartimento dei Vigili del Fuoco di Glendale, in California, nel 1971 e prestò servizio come capitano. Durante la sua carriera, Orr era considerato un esperto investigatore di incendi, ed era molto rispettato nella comunità dei vigili del fuoco. Tuttavia, dietro la sua maschera di dedicato pompiere, Orr aveva una tendenza inquietante: era un piromane seriale. Nel corso degli anni, Orr appiccò numerosi incendi, principalmente in edifici commerciali e strutture di proprietà del governo. La sua attivita' era febbrile, spesso incendiando diversi edifici nella stessa zona in un breve periodo di tempo.

Le sue motivazioni per gli incendi non sono del tutto chiare, ma alcuni esperti hanno suggerito che potesse essere attratto dal fuoco e provare una sorta di eccitazione o gratificazione

---

[32] Rosso V., *Chi sono i piromani? La piromania è una malattia mentale? Qual è il profilo psicologico del piromane?* 2018, reperibile in internet all'indirizzo: https://www.valeriorosso.com/2018/02/07/piromani-la-piromania-malattia-mentale/

nell'appiccare incendi. Orr utilizzava spesso dispositivi esplosivi o acceleranti per facilitare la propagazione delle fiamme.

Gli investigatori incaricati di indagare sugli incendi cominciarono a notare delle anomalie nei rapporti di Orr. La quantità di incendi nella sua area di responsabilità era sproporzionatamente elevata rispetto ad altre aree simili, e spesso Orr era presente sul luogo dell'incendio poco dopo che era stato segnalato. Questi fattori sollevarono sospetti sul suo coinvolgimento negli incendi.

Le indagini si intensificarono quando un incendio in un supermercato di South Pasadena, nel 1984, causò quattro morti. Orr era presente sul posto e le prove suggerivano che l'incendio fosse stato appiccato intenzionalmente. Gli investigatori trovarono delle tracce di accelerante, che collegarono a un incendio precedente a cui Orr era stato chiamato ad investigare.

Nel 1991, Orr venne arrestato e accusato di numerosi incendi dolosi. Durante il processo, emersero prove schiaccianti contro di lui, tra cui una serie di note sulle scene degli incendi che sembravano essere scritte da Orr stesso. Le note contenevano dettagli precisi sugli incendi, come se fosse stato lui a pianificarli e a eseguirli.

Nel 1992, Orr fu dichiarato colpevole di omicidio plurimo e di numerosi incendi dolosi. Fu condannato all'ergastolo senza possibilità di libertà condizionata. Nel corso degli anni, sono state sollevate preoccupazioni sulla possibilità che Orr abbia appiccato molti più incendi di quelli per cui è stato condannato, ma non sono state trovate prove sufficienti per supportare tali affermazioni.

Un altro serial killer piromane è Paul Keller. Gli sono stati attribuiti ben trentadue incendi dolosi, causado la morte di tre persone. Affermo' di essere stato abusato da un vigile del fuoco quando era ancora dodicenne, da li' il suo odio per questi professionisti. Alla fine Keller è stato catturato e condannato all'ergastolo senza condizionale.

I serial killer piromani sono difficili da catturare perché possono appiccare incendi e poi confondersi tra la folla, rendendo difficile la loro identificazione. Spesso sono molto intelligenti e metodici nel loro approccio e sono attenti a studiare la risposta dei vigili del fuoco ai loro incendi per evitare di essere scoperti.

Un altro dei serial killer più noti con una predilezione per gli incendi dolosi è Raymond Lee Oyler, noto come il piromane di Palm Springs.

Oyler nacque nel 1971. Tra i numerosissimi incendi dolosi di cui fu protagonista, si ricorda l'incendio Esperanza del 2006 che causo' la morte di cinque giovani vigili del fuoco, distruzioni e danni per nove milioni di dollari. Agiva principalmente in California, prendendo di mira abitazioni, boschi e strutture abbandonate.

Oyler si dilettava nel creare incendi spettacolari e incontrollabili, causando panico nella comunità e mettendo a rischio la vita di molte persone. I suoi incendi erano noti per la loro violenza e velocità di propagazione, rendendo difficile per i vigili del fuoco contenere le fiamme e salvare le persone intrappolate all'interno degli edifici.

Durante il periodo in cui operava, la polizia e i vigili del fuoco lavorarono a stretto contatto per cercare di catturare il piromane. Furono installate telecamere di sorveglianza e furono organizzate pattuglie notturne per monitorare le zone ad alto rischio. Tuttavia, Oyler era abile nel confondere le indagini, lasciando poche prove dietro di sé.

Nello stesso anno dell'incendio Esperanza, nel 2006 il piromane fu finalmente arrestato grazie alle prove raccolte dalla polizia. Fu condannato per omicidio plurimo e incendio doloso e venne condannato alla pena di morte. Questo tragico evento ha avuto un forte impatto a livello nazionale, ma anche e soprattutto sulla categoria professionale dei vigili del fuoco, evidenziandone i rischi ed i pericoli a cui sono esposti, soprattutto quando si tratti di incendi dolosi.

LA SCENA DEL CRIMINE

Già nei capitoli precedenti ho più volte fatto riferimento alla scena del crimine e alla sua importanza. Da definizione, per scena del crimine si intende un'area in cui è stato commesso un reato e in cui si possono trovare varie prove. Queste possono andare da oggetti fisici, come armi o impronte digitali, a testimonianze e filmati di telecamere a circuito chiuso[33].

L'importanza di una scena del crimine risiede nel fatto che può fornire indizi cruciali che possono aiutare gli investigatori a mettere insieme informazioni sull'autore o sugli autori e sul movente del crimine come ho più volte spiegato.

La raccolta e l'analisi delle prove possono essere determinanti per stabilire la colpevolezza o l'innocenza di un sospettato. Attraverso l'analisi forense, gli investigatori utilizzano metodi scientifici per scoprire informazioni sul crimine, come l'ora del decesso, il tipo di arma utilizzata o l'identità dell'autore del reato. Queste informazioni possono essere poi utilizzate per costruire un caso solido contro il sospettato in un tribunale e, in ultima analisi, contribuire a ottenere una condanna definitiva.

La conservazione della scena del crimine è essenziale anche per garantire l'integrità delle prove. Ogni elemento di prova trovato sulla scena del crimine viene meticolosamente documentato e raccolto dagli esperti forensi. Anche il minimo errore nella manipolazione o nell'analisi delle prove può potenzialmente compromettere l'indagine, portando a una condanna o a un'assoluzione errata.

Prima di accedere a una scena del crimine, è necessario compiere diversi passi cruciali per garantire l'integrità della scena e

---

[33] VoxInvestigazioni, *La scena del crimine,* reperibile in internet all'indirizzo: https://voxinvestigazioni.it/la-scena-del-crimine/

la sicurezza di tutte le persone coinvolte. Il primo e più importante passo è quello di mettere in sicurezza il perimetro della scena del crimine. Ciò comporta la delimitazione del perimetro con nastro adesivo, barricate o qualsiasi altra barriera che impedisca l'accesso alla zona a persone non autorizzate.

È inoltre importante stabilire un posto di comando al di fuori del perimetro della scena del crimine, dove possano avvenire tutte le comunicazioni e il coordinamento. Solo le persone autorizzate, come le forze dell'ordine, gli investigatori della scena del crimine e gli esperti forensi, devono poter accedere alla scena.

Prima di accedere alla scena del crimine, tutto il personale deve indossare indumenti e dispositivi di protezione adeguati, tra cui guanti, maschere e copri-scarpe. Questo è necessario per prevenire la contaminazione della scena del crimine con qualsiasi materiale estraneo o traccia che potrebbe compromettere l'indagine.

Una volta entrati sulla scena del crimine, è importante documentare tutto attraverso fotografie, schizzi e appunti. Ogni dettaglio, per quanto piccolo, deve essere documentato e registrato per garantire che nulla venga tralasciato.

Il team assegnato alla scena del crimine comprende l'investigatore capo, gli esperti forensi e gli investigatori della scena del crimine. Il ruolo dell'investigatore principale è quello di coordinare l'indagine e di tenere d'occhio il quadro generale. Gli esperti forensi sono responsabili dell'analisi delle prove sulla scena del crimine, mentre gli investigatori della scena del crimine raccolgono e documentano le prove.

Anche la documentazione della scena del crimine, come avrai già intuito, è una fase cruciale del processo investigativo. Si tratta del processo di raccolta, registrazione e conservazione sistematica di prove fisiche, fotografie e altre informazioni pertinenti relative alla scena del crimine. La documentazione della scena del crimine può fornire indizi e prove preziose, che possono aiutare le autorità a risolvere il crimine.

Esistono due tipi principali di documentazione della scena del crimine: la fotografia e l'annotazione. Nel caso della fotografia, il fotografo della scena del crimine scatta diverse immagini della scena, da diverse angolazioni e distanze. Le fotografie devono essere chiare, precise e a fuoco per garantire che le prove raccolte siano della massima qualità. Il fotografo della scena del crimine scatta anche primi piani delle prove raccolte, come impronte digitali, impronte di piedi e tracce di pneumatici, per fornire una documentazione dettagliata delle prove trovate.

Anche il processo di annotazione è estremamente importante. Si tratta di annotare le caratteristiche fisiche della scena del crimine, compresa la posizione, le dimensioni e gli eventuali segni presenti. L'investigatore deve scrivere in dettaglio anche tutte le descrizioni delle prove fisiche.

Oltre a prendere appunti e a fotografare, gli esperti forensi possono utilizzare altri strumenti specializzati nella documentazione della scena del crimine. Per esempio, possono essere utilizzati reagenti chimici per rivelare impronte digitali latenti o per verificare la presenza di sangue o altre tracce biologiche[34]. La luce ultravioletta può anche essere impiegata per evidenziare alcune prove che non sarebbero visibili in condizioni di illuminazione ordinaria, poiché illumina i fluidi corporei come sperma, saliva, urina e sangue.

Inoltre, le prove raccolte attraverso la documentazione della scena del crimine devono essere conservate, etichettate e accuratamente imballate per garantirne l'integrità e la catena di custodia. Per catena di custodia si intende la documentazione cronologica della posizione e della disposizione di un elemento dal momento in cui è stato raccolto fino alla sua presentazione in tribunale.

La raccolta di prove fisiche sulla scena del crimine è un aspetto cruciale di qualsiasi indagine penale. Per prova fisica si intende qualsiasi forma di materiale fisico che possa essere collegato al reato commesso. Stabilire l'autenticità e l'affidabilità delle

---

[34] D'Orio E., *Rilievi sulla scena del crimine e prove biologiche, ecco le line guida, 2022*, reperibile in internet all'indirizzo: https://www.agendadigitale.eu/cultura-digitale/rilievi-sulla-scena-del-crimine-e-prove-biologiche-ecco-le-linee-guida/

prove fisiche è fondamentale per risolvere un caso e ottenere una condanna.

Il processo di raccolta delle prove fisiche, preferibilmente utilizzando guanti sterili, deve essere effettuato in modo sistematico e approfondito per garantire che nessuna prova venga lasciata o contaminata durante il processo di raccolta[35]. La raccolta delle prove fisiche inizia con l'identificazione delle stesse.

L'investigatore deve assicurarsi di non trasferire il proprio DNA o altro materiale sulle prove. Deve inoltre fare attenzione a non danneggiare o alterare le prove durante la raccolta. Le prove raccolte devono essere conservate in modo sicuro e trasportate in un laboratorio per ulteriori esami.

Le prove fisiche possono includere qualsiasi cosa, dalle impronte digitali, ai campioni di sangue, al DNA, ai campioni di capelli e fibre, alle impronte di piedi, alle impronte di scarpe, ai segni di utensili, ai bossoli di armi da fuoco. Le prove fisiche possono essere trovate in varie forme, ad esempio sulla vittima, sulla scena del crimine o sul sospettato.

La conservazione delle prove fisiche è fondamentale per risolvere un'indagine penale. È essenziale mantenere la forma originale delle prove e non alterarle o manometterle in alcun modo. È di estrema importanza che le prove siano protette da qualsiasi alterazione, furto o distruzione.

La fase successiva, come ho accennato anche precedentemente, è quella dell'analisi delle prove raccolte. Queste ultime comprendono tutto ciò che può essere fisicamente raccolto e analizzato, come campioni di DNA, impronte digitali, impronte di calzature, schizzi di sangue e residui di armi.

Uno dei metodi più comuni di analisi delle prove fisiche è l'analisi del DNA. Si tratta di estrarre il DNA da varie fonti, come macchie di sangue, sperma o saliva, e di confrontarlo con il DNA di potenziali sospetti. Un altro metodo è l'analisi delle impronte

---

[35] RasetCriminalistica, *Raccolta, identificazione e conservazione dell'evidenza*, reperibile in internet all'indirizzo: https://www.rasetcriminalistica.it/index.php?option=com_k2&view=itemlist&layout=category&task=category&id=257&Itemid=274

digitali, che prevede il confronto dei modelli di creste uniche su un'impronta digitale con un database di impronte conosciute per identificare la persona che potrebbe aver lasciato l'impronta sulla scena del crimine.

Anche le impronte delle calzature sono importanti fonti di prove fisiche e possono essere analizzate per determinare le dimensioni e il modello della scarpa o dello stivale che ha lasciato l'impronta. Allo stesso modo, gli schizzi di sangue possono fornire agli investigatori informazioni preziose sulla direzione e la forza di un colpo, mentre i residui di armi come polvere da sparo o fibre possono indicare l'uso di una particolare arma.

L'analisi delle prove fisiche è spesso un processo minuzioso che richiede un alto grado di abilità e attenzione ai dettagli. Possono essere necessari giorni, settimane o addirittura mesi per completare l'analisi, a seconda della complessità del caso e della natura delle prove. Tuttavia, si tratta di una fase cruciale per risolvere i crimini e consegnare i colpevoli alla giustizia.

L'importanza del sopralluogo e delle procedure corrette di esecuzione

Più volte nel corso dello scritto e, anche nel paragrafo precedente, si è ribadito quanto sia importante che tutte le procedure d'analisi della scena del crimine vengano svolte correttamente, ad iniziare dal sopralluogo della stessa[36].

Se le procedure di analisi della scena del crimine non vengono eseguite correttamente, infatti, le conseguenze negative che possono verificarsi sono molteplici:

» Errore nell'identificazione del colpevole: se le procedure di analisi della scena del crimine non vengono eseguite nel modo corretto potrebbe esserci una probabilità più alta di

---

36 Delphiethica, *Il sopralluogo sulla scena del crimine,* reperibile in internet all'indirizzo: https://www.delphiethica.com/sopralluogo-sulla-scena-del-crimine/

identificare erroneamente un individuo come colpevole o di non individuare il vero colpevole. Questo potrebbe portare a un'ingiusta accusa o a un'assoluzione di un colpevole reale, compromettendo l'equità del sistema di giustizia;
» Perdita o contaminazione delle prove: una cattiva gestione della scena del crimine potrebbe portare alla perdita o alla contaminazione delle prove materiali. Ad esempio, se gli investigatori non sigillano correttamente la scena del crimine o non utilizzano le tecniche adeguate a raccogliere e conservare le prove, queste potrebbero essere danneggiate o alterate. Ciò potrebbe compromettere la solidità delle prove presentate in tribunale o addirittura renderle inutilizzabili;
» Inaffidabilità delle testimonianze: se le procedure di analisi della scena del crimine non sono corrette, le testimonianze dei testimoni oculari potrebbero essere influenzate negativamente. Ad esempio, se gli investigatori suggeriscono o influenzano inavvertitamente i testimoni durante gli interrogatori, potrebbero emergere testimonianza inaccurate o anche fuorvianti. Ciò potrebbe portare a conclusioni errate e compromettere la solidità del caso;
» Difficoltà nel ricostruire l'evento: un'analisi errata della scena del crimine può rendere più difficile ricostruire con precisione l'evento criminale. L'individuazione delle dinamiche dell'incidente, dell'arma utilizzata o delle azioni dei soggetti coinvolti potrebbe risultare compromessa. Ciò può influenzare negativamente l'indagine e rendere più difficile per gli investigatori ottenere una comprensione accurata dei fatti.

Analisi di una scena violenta del crimine

Per poter davvero comprendere cos'è accaduto in una scena del crimine gli investigatori devono eseguire una vera e propria "diagnosi". Delle volte la procedura è più difficile rispetto ad altre perché vi sono dei criminali più abili di altri a nascondere le proprie tracce.

È importante, comunque, come ho già spiegato più e più volte che i professionisti siano esperti della materia affinché non vi siano alterazioni della scena del crimine e delle possibili prove incriminatrici.

Modus Operandi del Killer

I motivi che spingono i criminali ad adottare un certo modus operandi possono variare da caso a caso e dipendono da molteplici fattori come, per esempio, le fantasie e le ossessioni del killer così come le sue possibili vendette o ritorsioni.

In particolare, alcuni criminali possono essere spinti dalle loro fantasie o ossessioni personali; potrebbero avere una visione distorta della realtà o una fissazione su determinati elementi, come il controllo, il potere o la violenza. Queste fantasie possono plasmare il loro modus operandi e guidarli verso specifici comportamenti criminali.

Alcuni killer, poi, possono anche mettere in pratica i loro atti criminali solo per ottenere una personale gratificazione. Quest'ultima può essere ottenuta attraverso il dominio sugli altri o semplicemente dall'applicazione della violenza.

In alcuni casi, i criminali possono agire come forma di vendetta o ritorsione nei confronti di un individuo o di una comunità. Il loro modus operandi può essere influenzato dal desiderio di infliggere danni o creare paura come forma di punizione per presunti torti subiti.

Alcuni criminali, ancora, possono essere influenzati da crimini simili che hanno attirato l'attenzione dei media o hanno acquisito una certa notorietà. Potrebbero cercare di emulare i comportamenti dei loro "idoli" criminali o di adottare un modus operandi simile per ottenere attenzione o alimentare il loro ego.

C'è da dire, in fin dei conti, che, nonostante il modus operandi possa essere considerato uno degli indicatori mediante i quali riconoscere il presunto colpevole di un delitto, i professionisti criminologi dovrebbero attribuirgli meno importanza perché quest'ultimo è un comportamento appreso e pertanto malleabile[37]. È possibile, infatti, che i criminali affinino i loro comportamenti altrettanto criminali con il passare del tempo e all'aumentare dei reati commessi.

Il modus operandi dei serial killer, dunque, evolve nel tempo; più il reo ha esperienza nel settore nel quale delinque e più il suo comportamento criminale evolverà, più risultera' difficile essere identificato e colto in flagranza di reato.

Bisogna anche tener presente che gli errori – ed anche i periodi nei quali i killer espiano le loro pene – sono fonte di apprendimento per i killer; questi ultimi influenzano il modus operandi del criminale e la sua evoluzione.

Alcuni criminali possono alterare consapevolmente il loro agire per depistare gli investigatori o per creare confusione. Possono adottare tattiche diversificate per nascondere la loro identità o per confondere le indagini. In questi casi, fare affidamento esclusivamente sul comportamento criminale può portare a conclusioni errate.

Infine, preciso che il modus operandi di un criminale può fornire indizi sulle sue azioni e sulle tecniche utilizzate, ma potrebbe non fornire una comprensione approfondita dei suoi motivi o dei fattori psicologici che guidano il suo comportamento. La comprensione completa di un criminale richiede spesso un'analisi multidisciplinare che consideri anche aspetti psicologici, sociali e ambientali.

Firma del Killer

Non è affatto infrequente il fatto che i killer, nel compiere i propri atti criminali, decidano di apporre la propria "firma"[38]. Molte volte, infatti, il crimine in sé per sé non soddisfa i killer che, proprio per tale motivo, decidono di contrassegnare la scena del crimine con un vero e proprio biglietto da visita che li renda riconoscibili.

---

37 Douglas J. E., Munn C., *Violent Crime Scene Analyis: Modus Operandi, Signature and Staging*, FBI, 1992, p. 2.
38 Douglas J. E., Munn C., *op. cit.*

È possibile, dunque, che i professionisti, una volta giunti sul luogo del delitto, rilevino delle caratteristiche che fanno sì che il crimine – appunto – possa essere ricondotto a quella specifica persona perché, anche in tutti gli altri omicidi, per esempio, vi era la stessa peculiarità.

In generale, ci sono diverse motivazioni psicologiche e comportamentali dietro al fatto che alcuni killer lascino una firma o un segno distintivo sui luoghi dei loro crimini, anche se non tutti lo fanno. Fra le diverse motivazioni vi è sicuramente il narcisismo: alcuni assassini lasciano una firma per attirare l'attenzione su di sé e per alimentare il proprio ego. Vogliono essere ricordati e riconosciuti per i loro crimini, e lasciare un segno distintivo può servire come una sorta di "biglietto da visita", come a volersi prendere il merito dell'omicidio. Altri killer, come dicevo in precedenza, lasciano la loro firma solo per una più ampia soddisfazione personale: per alcuni assassini, lasciare una firma può essere un modo per sperimentare una sorta di gratificazione personale o un senso di potere e controllo. Il segno distintivo potrebbe rappresentare la loro firma simbolica, un modo per affermare il loro dominio sulla scena del crimine e sugli individui coinvolti.

In alcuni casi, lasciare una firma può essere un modo per comunicare con gli investigatori, i media o il pubblico. Il killer potrebbe voler trasmettere un messaggio, sfidare le autorità o creare un senso di terrore nella comunità. La firma potrebbe contenere indizi o simboli che il killer ritiene importanti.

Infine, alcuni assassini che lasciano una firma potrebbero avere un desiderio inconscio di essere catturati. La loro firma può essere vista come un'indicazione di un senso di colpa o come un modo per attirare l'attenzione delle autorità verso di loro. Questi individui potrebbero essere spinti da un bisogno interno di mettere fine alla loro serie di omicidi.

Messa in scena o Staging

La messa in scena è un termine usato nelle indagini penali per descrivere l'atto di alterare o sistemare una scena del crimine per indirizzare gli investigatori verso una particolare conclusione. Di solito viene fatto da chi inscena il crimine, come l'autore o un complice, ma può anche essere fatto dagli stessi investigatori per incastrare qualcuno per un crimine che non ha commesso.

Ci sono diverse ragioni per le quali i criminali potrebbero decidere di alterare la scena del crimine; prima fra tutte troviamo il depistaggio. Uno degli obiettivi principali dello staging è quello di depistare gli investigatori. I criminali possono cercare di far sembrare che il crimine sia stato commesso da qualcun altro, creando prove false o alterando le prove esistenti. Ad esempio, potrebbero lasciare indizi che puntano verso un sospetto diverso da loro stessi o cercare di creare un alibi per se stessi.

In secondo luogo lo staging può essere utilizzato per creare una storia o una narrazione che supporti la versione del crimine che il colpevole desidera far credere.

Possono essere creati elementi scenografici, come la disposizione di oggetti o il posizionamento dei corpi, al fine di sostenere una determinata teoria sugli eventi.

In alcuni casi, i criminali possono effettuare lo staging della scena del crimine per attirare l'attenzione mediatica. Creando uno scenario insolito o bizzarro, sperano di generare interesse pubblico e ottenere una copertura mediatica più ampia.

Alcuni criminali possono effettuare la "messa in scena" semplicemente per il piacere personale di manipolare una scena del crimine o per sfidare gli investigatori a risolvere il caso nonostante le loro manipolazioni.

Fasi cruciali del metodo d'indagine di una scena del crimine

Nei paragrafi precedenti ho spiegato quali sono le fasi più importanti del metodo d'indagine di una scena del crimine. Adesso ognuna di queste verrà descritta nel dettaglio così da comprenderne gli aspetti salienti e i compiti dei diversi operatori coinvolti.

Intervista

Le interviste svolgono un ruolo cruciale nelle indagini sulla scena del crimine, in quanto consentono agli investigatori di raccogliere informazioni, testimonianze e dettagli pertinenti relativi all'evento criminoso. Durante le indagini sulla scena del crimine, gli investigatori possono condurre diverse tipologie di interviste, tra le quali:

1. Interviste ai testimoni oculari: gli investigatori intervistano le persone presenti sulla scena del crimine al momento dell'evento o che possono aver notato qualcosa di rilevante. Queste interviste possono essere condotte immediatamente dopo il crimine o in un secondo momento, al fine di ottenere una descrizione dettagliata degli eventi, delle persone coinvolte e di qualsiasi informazione che possa aiutare a identificare i responsabili. Il suggerimento da parte degli esperti è quello di condurre le interviste con tempestività perché i dettagli rimangono impressi nella mente dei testimoni per un periodo di tempo limitato; la memoria può deteriorarsi nel tempo, quindi è piuttosto importante agire rapidamente.

È importante, fra le altre cose, che le interviste vengano svolte, come si leggerà anche di seguito, in un ambiente idoneo così che il testimone possa sentirsi realmente a suo agio ed essere dunque sereno nel colloquiare con gli investigatori. Si consiglia sempre di rimuovere eventuali distrazioni e di creare un'atmosfera rassicurante. Gli investigatori, in questa specifica fase d'indagine, devono essere attenti e mostrare agli intervistati – in questo caso i testimoni oculari del crimine – di essere interessati al loro racconto facendo capire loro che le informazioni che possono fornire sono di estrema rilevanza. Solitamente, per creare un legame di fiducia, gli investigatori instaurano con i propri interlocutori il contatto visivo.

Durante l'intervista gli investigatori dovrebbero cercare di convalidare le informazioni del testimone confrontandole con altre prove e testimonianze. È possibile chiedere al testimone di fornire ulteriori dettagli, come colori, tratti distintivi o eventi particolari, al fine di stabilire la coerenza delle testimonianze. I testimoni di un crimine potrebbero essere emotivamente colpiti e sotto stress a causa dell'evento traumatico.

Gli investigatori dovrebbero essere sensibili a ciò e cercare di creare un ambiente sicuro in cui il testimone si senta a suo agio per condividere la sua testimonianza[39]. Possono essere necessarie pause o supporto psicologico per gestire l'emozionalità del testimone. Durante l'intervista, è essenziale prendere accuratamente nota delle risposte del testimone e registrare i dettagli pertinenti. Questo aiuterà a preservare le informazioni fornite e a riferirle in seguito;

2. Interviste ai sospettati: una volta individuati i potenziali sospettati, gli investigatori li intervistano per ottenere la loro versione dei fatti, verificare le informazioni fornite dai testimoni o dalle prove raccolte e raccogliere ulteriori dettagli o indizi che possano supportare o confutare il loro reale coinvolgimento nel crimine. Durante le interviste ai sospettati, è fondamentale seguire alcune linee guida per garantire un'indagine equa e accurata. È importante prima di iniziare l'intervista, notificare al sospettato i suoi diritti costituzionali, come il diritto di rimanere in silenzio e di avere un avvocato presente durante l'intervista. Il sospettato deve essere consapevole dei suoi diritti e avere l'opportunità di esercitarli. L'intervista dovrebbe svolgersi in un ambiente neutrale e che metta a proprio agio l'intervistato. Come nel caso delle interviste ai testimoni, e' opportuno rimuovere tutte le possibili distrazioni e creare un'atmosfera in cui il sospettato possa sentirsi a suo agio e parlare apertamente[40]. Gli investigatori dovrebbero adottare un approccio che non sia accusatorio, durante l'intervista. Dovrebbero anche evitare supposizioni o dichiarazioni che implicano la colpe-

---

[39] Università degli studi di Cagliari, *WHO Quality Rights Tool Kit*, 2012.
[40] Polizia Di Stato, *Interviste investigative ed interrogatori*, reperibile in internet all'indirizzo: https://poliziamoderna.poliziadistato.it/articolo/56c491311d290795463308

volezza del sospettato al fine di evitare influenze indebite o confessioni false. Gli investigatori dovrebbero rimanere imparziali e concentrarsi sull'ottenere informazioni per loro rilevanti. Oltre alle risposte verbali, gli investigatori dovrebbero prestare attenzione anche alle espressioni facciali dei sospettati, al linguaggio del loro corpo e ad altri segnali non verbali. Questi, infatti, possono fornire preziosi indizi sul loro stato emotivo, sulla sincerità delle risposte o sulla presenza di possibili segni di menzogna. È importante che tutte le informazioni desunte dall'intervista vengano trascritte perché tale operazione aiuta a preservare le informazioni fornite dal sospettato e può essere utilizzata come prova nei procedimenti successivi;

3. Interviste ai familiari o conoscenti delle vittime: gli investigatori possono intervistare i familiari o i conoscenti delle vittime al fine di ottenere informazioni sulla vittima, sulle sue relazioni o sul suo stato emotivo o, ancora, su eventuali minacce o conflitti pregressi che potrebbero risultare in qualche modo rilevanti per le indagini.

Durante le interviste gli investigatori sono soliti utilizzare delle tecniche così da ottenere le informazioni per loro significative. Alcuni approcci includono la creazione di un luogo confortevole in cui gli intervistati possano sentirsi a proprio agio il piu' possibile. Il fine e', come si puo' facilmente intuire, raccogliere informazioni accurate e precise.

È consigliabile, durante questa specifica fase investigativa, porre, durante l'intervista, delle domande aperte; queste ultime, infatti, permettono di ottenere informazioni dettagliate e complete dai soggetti intervistati. Le domande aperte non limitano le risposte di questi ultimi e offrono loro la possibilità di esprimersi liberamente, fornendo dettagli, sfumature e informazioni che potrebbero altrimenti essere trascurate o non menzionate in risposta a domande chiuse o direttive. Le domande aperte consentono inoltre di esplorare diverse prospettive e di ottenere una comprensione più approfondita delle esperienze, delle opinioni e delle percezioni delle persone coinvolte nel caso. Inoltre, questa specifica tipologia di domande permette all'intervistatore di scoprire aspetti inaspettati o nuove informazioni che potrebbero essere rilevanti per l'indagine in corso.

Durante l'intervista l'investigatore o chi è addetto a porre le domande agli intervistati non dev'essere in alcun modo direttivo. Le motivazioni al fatto che l'intervistatore debba mantenere un atteggiamento piuttosto neutrale nei confronti del suo interlocutore sono diverse. Innanzitutto, l'obiettivo dell'intervista è quello di raccogliere informazioni accurate e affidabili, e l'approccio direttivo potrebbe influenzare o condizionare le risposte dell'intervistato. Essendo direttivo, l'investigatore potrebbe suggerire involontariamente le risposte desiderate o limitare la libertà di espressione dell'intervistato[41].

In secondo luogo, consentendo all'intervistato di rispondere liberamente, senza influenze o pressioni, si promuove un ambiente di apertura e di fiducia reciproca. Questo può incoraggiare l'intervistato a condividere informazioni più dettagliate e complete, permettendo così di ottenere una visione più accurata e approfondita della situazione in questione.

Inoltre, l'approccio non direttivo dimostra rispetto per l'autonomia dell'intervistato e favorisce una comunicazione più equilibrata. L'investigatore ha il compito di ascoltare attentamente e di porre domande appropriate per stimolare la riflessione e l'approfondimento da parte dell'intervistato, piuttosto che fornire suggerimenti o influenze dirette.

Infine, un'intervista non direttiva può anche favorire la scoperta di nuove informazioni o di aspetti inaspettati. Lasciando che l'intervistato si esprima liberamente, si possono rilevare dettagli o punti di vista che potrebbero essere trascurati o non considerati in un'intervista più direttiva.

Gli investigatori possono anche decidere di utilizzare la tecnica del rinforzo positivo come l'elogio o l'incoraggiamento, per

---

41 QualitaPA, *Tipologie di interviste*, reperibile in internet all'indirizzo: http://qualitapa.gov.it/sitoarcheologico/relazioni-con-i-cittadini/comunicare-e-informare/strumenti-di-comunicazione/intervista/tipologie-di-interviste/index.html

incoraggiare i testimoni o i sospetti a cooperare e ad essere onesti nelle loro risposte.

Infine, un ulteriore compito di chi si occupa dell'indagine è quello di confrontare le testimonianze dei testimoni o dei sospettati cosi da identificare eventuali incongruenze o discrepanze nelle loro storie: l'obiettivo finale è quello di determinare la veridicità delle informazioni che hanno ricevuto.

È importante che gli investigatori siano attenti durante le interviste e che seguire le linee guida etiche e legali per garantire l›affidabilità delle informazioni raccolte. Le interviste svolgono un ruolo chiave nel processo investigativo, fornendo preziose prove e testimonianze che possono contribuire a risolvere il crimine e a identificare i responsabili.

Esame

Nei capitoli precedenti ho gia' accennato agli esami e ai rilievi che gli investigatori effettuano sulla scena del crimine. È in questa sede che ognuno di questi esami verrà approfondito così da conoscerne meglio le caratteristiche e gli obiettivi finali.

Il primo esame ad essere condotto una volta giunti sulla scena del crimine è certamente quello che attiene alla valutazione del luogo nel quale il crimine è avvenuto. Non si tratta di un'operazione semplice anzi, è necessario che gli investigatori siano ben addestrati a riconoscere i dettagli della scena del crimine. Vengono infatti osservate e valutate informazioni importantissime come, per esempio: la disposizione degli oggetti, la presenza di segni di effrazione o di forza. Gli investigatori, per poter condurre correttamente questo primo esame devono essere dotati di specifiche conoscenze e competenze. Prima di tutto è necessario che tutto il personale sia a conoscenza delle corrette procedure investigative: gli investigatori devono possedere una solida conoscenza delle procedure investigative standard, inclusi i protocolli di sicurezza, l'analisi delle prove e le tecniche di rilevamento degli indizi. Gli investigatori, poi, devono essere addestrati all'utilizzo delle apparecchiature investigative come le macchine fotografiche, le telecamere, gli strumenti di rilevamento delle impronte digitali, strumenti di misurazione e altro ancora.

Tutti gli operatori della scena del crimine devono essere molto attenti ai dettagli e in grado di osservare e registrare accuratamente gli elementi presenti sulla scena del crimine. Devono notare particolari rilevanti, come tracce di sangue, segni di effrazione o oggetti fuori posto.

Gli investigatori devono essere in grado di identificare e raccogliere prove materiali importanti sulla scena del crimine e di determinare quali elementi potrebbero essere rilevanti per l'indagine e come raccoglierli correttamente per preservarne l'integrità.

Rispetto alle impronte digitali, queste vengono cercare ed evidenziate su superfici come vetri, oggetti metallici, mobili. Le impronte digitali possono fornire importanti indizi sull'identità degli autori o dei partecipanti al crimine. È ovvio che prima di raccoglierle, è importante assicurarsi che la scena del crimine sia stata adeguatamente isolata e preservata per evitare contaminazioni o alterazioni delle prove.

Per procedere alla raccolta e poi all'esame delle impronte è necessario che durante la prima fase gli addetti all'operazione indossino dei guanti protettivi, in lattice o nitrile, così da evitare che vi possa essere una contaminazione.

Una delle tecniche più comuni per rilevare le impronte digitali consiste nell'utilizzare polveri speciali che aderiscono ai residui di sudore lasciati sulle superfici[42]. La polvere viene applicata delicatamente sulla superficie con l'aiuto di un pennello o di un piumino e viene spazzolata delicatamente per evidenziare le impronte digitali.

Per rilevarle, in alternativa alla polverizzazione, si possono utilizzare sostanze chimiche, come la ninidrina o il reattivo di DFO (diazofluorofosfato). Queste sostanze reagiscono con gli aminoacidi presenti nel sudore e rendono visibili le impronte.

---

[42] Focus, *Come si fa il rilevamento delle impronte digitali?* reperibile in internet all'indirizzo: https://www.focus.it/tecnologia/innovazione/come-si-fa-il-rilevamento-delle-impronte-digitali

Una volta rilevate, le impronte digitali vengono fotografate per documentazione. Le fotografie devono essere chiare e di alta qualità per consentire un'analisi successiva.

Per conservare le impronte digitali come prove tangibili, vengono utilizzati adesivi trasparenti o pellicole di plastica. Gli investigatori prelevano con cura le impronte dai punti rilevanti e le trasferiscono sul materiale adesivo. Successivamente, le impronte vengono etichettate e conservate in modo appropriato per l'analisi e la presentazione in tribunale.

Rispetto agli esami dei campioni biologici, invece, gli investigatori cercano tracce biologiche come sangue, saliva, capelli o altre sostanze corporee che potrebbero essere state lasciate sulla scena del crimine. Questi campioni vengono raccolti e analizzati per identificare potenziali sospetti o stabilire correlazioni tra la scena del crimine e le persone coinvolte.

Le analisi delle prove appena menzionate e brevemente descritte avvengono in laboratori appositi; i passaggi chiave dell'analisi sono differenti perché dopo essere stati raccolti, prelevati e trasportati devono essere preparati. Ovvero, i campioni di capelli o saliva, vengono di fatto preparati, una volta giunti in laboratorio, per la fase d'analisi successiva. Nel caso dei capelli possono essere esaminati sotto un microscopio per osservare le caratteristiche morfologiche come il colore, la struttura, la presenza di radici e possibili danni. Per la saliva, il campione viene solitamente diluito o trattato con degli specifici reagenti per consentire l'estrazione e l'analisi del DNA. Quest'ultimo può essere poi amplificato utilizzando tecniche specifiche come la reazione a catena della polimerasi (PCR). Questo processo permette di ottenere una quantità sufficiente di DNA da analizzare così da poterlo confrontare con il profilo genetico di possibili sospettati o con i database forensi utili all'identificazione dei rei. Una volta ottenuti i dati dell'analisi del DNA, gli esperti forensi esaminano e interpretano i risultati. Vengono valutate le corrispondenze o le discrepanze tra il campione e i profili di riferimento. La disamina viene condotta in conformità con i protocolli e gli standard scientifici vigenti.

Nel caso di crimini che coinvolgono armi da fuoco, gli esperti balistici possono analizzare proiettili, bossoli e armi per stabilire il tipo di arma utilizzata, tracciare l'origine delle munizioni e determinare la direzione dei colpi[43].

In particolare, le armi da fuoco rilevate sulla scena del crimine vengono raccolte in modo appropriato per preservare le prove. Vengono utilizzati guanti e altri dispositivi per evitare contaminazioni, e le armi vengono maneggiate con cura per non alterare eventuali tracce o impronte digitali; queste vengono poi ispezionate visivamente per rilevare eventuali danni, tracce di sangue o altre tracce biologiche, dettagli specifici e segni di utilizzo come residui di sparo o segni di esplosione.

Gli esperti balistici esaminano attentamente le armi da fuoco per individuare eventuali tracce di sparo, quali residui di polvere da sparo, residui di proiettile, residui di innesco o graffi sui bossoli. Queste tracce possono essere raccolte e analizzate per determinare il tipo di arma utilizzata, il calibro e altre caratteristiche rilevanti.

Le armi da fuoco recuperate possono essere sottoposte a prove di fuoco comparativo in laboratorio. Questo processo coinvolge lo sparo controllato dell'arma in questione utilizzando munizioni simili a quelle utilizzate nel crimine. Le caratteristiche balistiche dei proiettili o dei bossoli risultanti possono essere confrontate con i proiettili o i bossoli recuperati dalla scena del crimine per stabilire se provengono dall'arma in questione.

L'analisi delle armi da fuoco può aiutare a identificare l'arma specifica utilizzata nel crimine. Ciò può coinvolgere la ricerca di corrispondenze balistiche tra proiettili, bossoli o segni di estrazione e riferimenti a banche dati balistiche o a casi precedenti. In alcuni casi, possono essere utilizzate anche tecniche avanzate come la ricostruzione tridimensionale delle traiettorie dei proiettili.

---

43 VoxInvestigazioni, *op. cit.*

Fotografia

Le fotografie sulla scena del crimine rappresentano un elemento essenziale durante le indagini e svolgono un ruolo cruciale nel documentare le prove e i dettagli rilevanti. Delle prove fotografiche ne ho già fatto accenno nell'introduzione al capitolo ma verranno qui approfondite visto il loro contributo alla ricostruzione dei crimini.

Fu il francese Bertillon ad utilizzare la fotografia, forse per la prima volta, come strumento di prova. Egli ideo' un protocollo scientifico per la rappresentazione del luogo del delitto. Le foto venivano scattate con un'apparecchiatura montata su un cavalletto a tre gambe alto circa due metri, che veniva collocato precisamente in modo verticale sopra la scena, con esatte indicazioni di scala e metriche. La riprese fotografiche di Bertillon costituiscono la prima rappresentazione precisa e oggettiva dei luoghi del crimine e dei corpi delle vittime usate dagli investigatori e dalla polizia"[44].

Le fotografie sulla scena del crimine, come facilmente intuibile servono a catturare dettagli visivi e a fornire un resoconto accurato dell'ambiente, delle prove e degli indizi presenti. Queste sono utilizzate per l'analisi, la documentazione e come riferimento futuro durante le indagini, l'elaborazione delle prove e, se necessario, in tribunale.

È importante scattare fotografie che coprano l'intera area della scena del crimine, inclusi i dettagli circostanti e i punti di riferimento. Ciò include scattare foto a distanza per mostrare la posizione e l'orientamento degli oggetti, nonché foto ravvicinate per raccogliere i dettagli delle prove.

Le fotografie devono essere chiare, nitide e adeguate ad evidenziare dettagli importanti come segni di effrazione, tracce di sangue, oggetti fuori posto o qualsiasi altro elemento rilevante. Le prospettive multiple possono essere utilizzate per fornire

---

[44] Focus, *La foto sulla scena del crimine,* reperibile in internet all'indirizzo: https://www.focus.it/cultura/storia/fotografia-forense-sulla-scena-del-crimine

una visione completa della scena e delle relazioni spaziali tra gli oggetti.

Le fotografie devono essere etichettate e annotate con informazioni rilevanti, come il luogo, la data, l'ora, il nome del fotografo, il numero di caso e una breve descrizione di ciò che viene rappresentato. Ciò consente di mantenere un collegamento tra le immagini e l'indagine.

È fondamentale mantenere l›integrità delle prove fotografiche. Queste ultime, infatti, devono essere gestite seguendo le corrette procedure di catena di custodia, registrando tutte le persone che hanno avuto accesso alle immagini e garantendo che siano conservate in modo sicuro e protette dalla manipolazione o dall'alterazione.

In generale, per una maggiore chiarezza, le fotografie che possono essere scattate sulla scena del crimine vengono classificate in:

» Fotografie generali: sono quelle che vengono utilizzate per catturare l'intera scena del crimine e fornire una visione d'insieme[45]. Queste foto includono spesso punti di riferimento come segnali stradali, oggetti di arredo o altre caratteristiche distintive che aiutano a posizionare la scena in un contesto geografico e spaziale;
» Fotografie di prossimità: le fotografie di prossimità sono scattate da vicino per catturare i dettagli delle prove, come segni di forzatura, impronte digitali, macchie di sangue o eventuali oggetti abbandonati sulla scena. Queste foto sono spesso scattate utilizzando tecniche di illuminazione adeguata, come l'uso di flash o di fonti di luce ausiliarie, per evidenziare i dettagli importanti;
» Fotografie aeree: in alcuni casi, possono essere utilizzati droni o altri dispositivi aerei per scattare fotografie aeree della scena del crimine. Queste foto forniscono una prospettiva più ampia e possono essere utili per identificare elementi di

---

[45] Trombetta M., *Fotografia Forense,* reperibile in internet all'indirizzo: https://www.forensicnews.it/fotografia-forense/

interesse, come tracce o sentieri nascosti, o per mappare la disposizione di oggetti sulla scena;
» Fotografie con scala di riferimento: le fotografie che includono una scala di riferimento, come una regola o un righello, vengono scattate per fornire una misura di dimensioni o distanze degli oggetti presenti sulla scena. Ciò è particolarmente importante per la ricostruzione delle dinamiche degli eventi e per determinare la posizione precisa di prove o oggetti chiave;
» Fotografie con luce ultravioletta: la fotografia con luce ultravioletta può rivelare tracce di fluidi corporei, sostanze chimiche o altri elementi che potrebbero non essere visibili a occhio nudo. Le macchie di sangue, ad esempio, possono apparire più evidenti sotto l'illuminazione UV;
» Fotografie forensi con sorgenti luminose alternative: l'utilizzo di sorgenti luminose alternative, come la luce blu o la luce laser, può rivelare tracce o segni nascosti che possono essere difficili da individuare con la luce naturale. Queste tecniche possono essere utilizzate per individuare impronte di scarpe, fibre o tracce di sostanze chimiche.

Disegno

Il disegno sulla scena del crimine è una tecnica utilizzata dagli investigatori per documentare visivamente la disposizione degli oggetti, i dettagli rilevanti e le relazioni spaziali sulla scena del crimine.

Il disegno serve a rappresentare graficamente la scena, evidenziando gli elementi significativi, come la posizione dei mobili, delle tracce, delle prove e dei punti di interesse. Può aiutare a documentare in modo accurato la scena e a conservare un resoconto visivo.

Il disegno sulla scena del crimine richiede attenzione ai dettagli e una rappresentazione accurata delle dimensioni, delle proporzioni e delle distanze degli oggetti sulla scena. Gli investigatori devono essere in grado di riprodurre con precisione gli elementi rilevanti, utilizzando simboli o notazioni chiare.

Gli investigatori possono utilizzare tecniche di disegno tradizionali, come il disegno a matita o a penna su carta, o strumenti digitali come software di disegno assistito al computer. Fra questi ultimi troviamo, per esempio, AutoCAD,[46] un software di progettazione assistita dal computer il cui utilizzo è ormai diffuso in diversi settori, come quello forense. Lo strumento in oggetto può essere utilizzato per creare diagrammi dettagliati della scena del crimine, inclusi disegni architettonici, misurazioni precise, tracciamenti dei percorsi e molto altro.

Non è importante preferire un metodo – quello tradizionale o quello digitale – rispetto ad un altro quanto invece che il disegno sia svolto correttamente così da poter identificare i dettagli e interpretarlo senza troppe difficoltà.

Nel disegno sulla scena del crimine, è necessario scegliere l'angolazione e la prospettiva adeguata a rappresentare in modo chiaro la scena. Possono essere utilizzati punti di vista dall'alto, laterali o prospettive angolari a seconda delle esigenze dell'indagine.

È importante etichettare chiaramente gli oggetti e le aree rilevanti nel disegno, in modo che sia possibile comprendere immediatamente cosa rappresentano. L'aggiunta di annotazioni e descrizioni può essere utile per spiegare ulteriormente i dettagli o i punti di interesse.

Il disegno sulla scena del crimine può essere utilizzato in combinazione con fotografie, video o altri elementi di prova per fornire una rappresentazione completa e accurata della scena. Questa integrazione può aiutare a presentare un quadro più completo durante le indagini o nei procedimenti giudiziari.

Raccolta e conservazione delle prove

Nei paragrafi precedenti molto si è detto a proposito della raccolta delle prove e dell'importanza che hanno tali procedure; è altrettanto importante però conoscere quali siano i metodi

---

46 Pedago, *AutoCAD,* reperibile in internet all'indirizzo: https://www.pedago.it/blog/usare-autocad-corso-online-certificato.htm

di conservazione delle prove ottenute dalla scena del crimine perché una loro scorretta conservazione può compromettere la veridicità dei dati raccolti.

La conservazione adeguata delle prove sulla scena del crimine è infatti di fondamentale importanza per garantirne l'integrità e la validità durante le indagini e in un eventuale processo legale.

Il primo aspetto al quale porre attenzione è quello della catena di custodia[47]. Con quest'ultimo termine si fa riferimento a quel sistema documentato e controllato che traccia il percorso delle prove dalla loro raccolta iniziale fino alla presentazione in tribunale. Ogni volta che una prova viene maneggiata, spostata o trasferita, ci deve essere una registrazione accurata di chi ha avuto accesso e quando. Questo aiuta a garantire l'integrità delle prove e a prevenire la contaminazione o l'alterazione.

Ogni prova deve essere – come ho sostenuto precedentemente – adeguatamente etichettata con informazioni rilevanti, come il numero di caso, la descrizione della prova, la data e l'ora della raccolta, il nome dell'investigatore responsabile e altre informazioni pertinenti. Le prove devono inoltre essere sigillate in contenitori appropriati per proteggerle da danni o altre possibili contaminazioni.

Se le prove biologiche, come campioni di sangue, saliva o DNA, sono presenti sulla scena del crimine, devono essere conservare in contenitori sterilizzati e sigillati per prevenire la degradazione o la contaminazione. Possono essere necessarie condizioni di conservazione controllate, come il mantenimento a basse temperature, per preservare l'integrità delle prove biologiche.

Le prove fisiche, come armi, vestiti o oggetti rilevanti, devono essere maneggiate con cura per evitare danni o contaminazione. Possono essere necessari contenitori speciali, come buste di plastica o scatole sigillate, per conservare le prove fisiche in

---

[47] Lavecchia V., *Cosa sono e come funzionano le analisi forensi e la catena di custodia*, reperibile in internet all'indirizzo: https://vitolavecchia.altervista.org/le-analisi-forense-la-catena-di-custodia/

modo sicuro e proteggerle dall'umidità, dalla polvere o da altri agenti contaminanti.

Le prove digitali, invece, come per esempio le registrazioni video, le fotografie, i dispositivi elettronici o file informatici, devono essere acquisite e conservate in modo appropriato. Possono essere necessari strumenti specializzati per acquisire, copiare e analizzare le prove digitali senza alterarle o corromperle. È importante mantenere la catena di custodia anche per questa tipologia di prove, registrando i dettagli di quando e da chi sono state acquisite e manipolate.

Le prove devono essere conservate in un luogo sicuro, come un deposito o un laboratorio forense, che sia adeguatamente protetto da accessi non autorizzati, incendi, allagamenti o altri rischi potenziali. È importante mantenere registri accurati delle prove archiviate e stabilire un sistema di rintracciabilità per recuperarle facilmente quando necessario.

SERIAL KILLER DEL PASSATO. CENNI STORICI

Serial Killer Italiani

Negli ultimi anni, l'Italia è stata colpita da una serie di atti raccapriccianti e orribili per mano di serial killer. Questi crimini efferati hanno provocato scosse in tutto il Paese, suscitando indignazione e preoccupazione. E' stato documentato che dagli anni Cinquanta ai giorni nostri, ben cinquanta serial killer hanno colpito l'Italia, totalizzando il numero impressionante di oltre duecento vittime.

Sebbene il nostro paese abbia un tasso di criminalità relativamente basso rispetto ad altre nazioni europee, l'aumento dei serial killer ha provocato un senso di paura e di disagio sia tra i cittadini che tra le autorità.

Uno dei casi più noti della storia recente è stato quello del "Mostro di Firenze", che ha operato dalla fine degli anni Settanta alla metà degli anni Ottanta. L'assassino, che non fu mai catturato, uccise 16 persone, soprattutto coppie, che furono ritrovate in vari luoghi di Firenze.

Questo caso fu particolarmente scioccante per la natura raccapricciante degli omicidi, che prevedevano mutilazioni e violenze sessuali. Più di recente, l'Italia ha conosciuto una serie di omicidi seriali che hanno destato ulteriore allarme.

Nel 2011, la polizia ha arrestato un falegname disoccupato di nome Danilo Restivo per l'omicidio di due donne, una in Italia e una nel Regno Unito. Il falegname è diventato oggetto di interesse criminale e di investigazione in virtù delle sue azioni violente e disturbanti. La sua storia è infatti caratterizzata da una serie di eventi che hanno scosso la comunità e lasciato un segno indelebile nella memoria collettiva.

Restivo, nato nel 1972 a Potenza, fin da giovane ha mostrato un comportamento inquietante; negli anni '90 ha iniziato a commettere atti di violenza nei confronti delle donne. Nel '93, a soli 21 anni, uccise e mutilò la prima donna a Bari, in Puglia. Questo brutale omicidio segnò l'inizio di una serie di crimini che avrebbero coinvolto Restivo per molti anni a venire. Il caso è diventato particolarmente noto per un altro crimine avvenuto nel 2002 a Bournemouth, nel Regno Unito. Fu trovato il corpo di una giovane donna di nome Heather Barnett. Il suo omicidio presentava somiglianze inquietanti con il precedente omicidio commesso da Restivo in Italia. Entrambe le donne, infatti, erano state aggredite, uccise e avevano subito mutilazioni post-mortem. Le indagini portarono gli investigatori a focalizzarsi sulla figura di Restivo; durante la ricerca della sua casa, furono scoperte prove sconvolgenti che collegavano proprio il falegname al delitto. Tra queste prove c'erano tracce di capelli appartenenti a Heather Barnett che erano state messe in un altro luogo da Restivo come sorta di macabro trofeo.

Restivo è stato dichiarato colpevole nel 2014 e sta scontando una condanna all'ergastolo.

Allo stesso modo, nel 2014 la polizia ha arrestato l'infermiera Daniela Poggiali per l'omicidio di un'anziana paziente. In seguito, è stato rivelato che la Poggiali fu coinvolta anche in una serie di altre morti sospette, portando le autorità a ritenere che potesse essere responsabile della morte di ben 38 pazienti.

Questi casi, tra gli altri, hanno evidenziato la necessità per le autorità italiane di intraprendere azioni più incisive contro i serial killer. Nonostante la reputazione del Paese per il suo ricco patrimonio culturale e la sua bellezza paesaggistica, l'ascesa dei serial killer ha avuto un impatto profondo sulla società italiana.

Tra gli altri nomi più comuni nella storia italiana, ce ne sono tanti altri che hanno avuto un' eco considerevole sulla società, determinando una maggiore richiesta di giustizia, misure di contrasto più severe e una diffusa paura e paranoia tra la popolazione.

Questi casi hanno anche imposto una rivalutazione delle leggi e dei regolamenti sulla salute mentale in Italia, evidenziando le complessità dell'identificazione e del trattamento della malattia mentale.

Leonarda Cianculli ovvero La Saponificatrice di Correggio

Leonarda Cianculli, nota anche come la "Saponificatrice di Correggio", è stata una famigerata serial killer italiana che ha operato all'inizio del XX secolo. Nata nel 1894, la Cianculli ebbe una giovinezza travagliata e una storia di tentativi di suicidio.

Si sposò in giovane età, ma la sua vita coniugale non fu felice. Soffrì di aborti spontanei e perse i figli nella Seconda Guerra Mondiale. Si dice che questi eventi abbiano alimentato il suo desiderio di proteggere i figli rimasti e l'abbiano portata sulla strada dell'omicidio.

Tra il 1939 e il 1940, Cianculli uccise tre donne e trasformò i loro corpi in sapone e torte da tè. Si ritiene che abbia commesso questi omicidi per creare un "sacrificio umano" che avrebbe aiutato a proteggere suo figlio, che doveva partire per una missione militare.

Il metodo dell'assassina era al tempo stesso raccapricciante e calcolato. Invitava le sue vittime a prendere il tè e offriva loro pasticcini al cui interno era presente della droga per stordirle, poi dopo che le vittime assaggiavano questi pasticcini le colpiva a morte con un'ascia.

I crimini della Cianculli rimasero inosservati per qualche tempo. Tuttavia, la sua maschera da vicina "tranquilla" cadde dopo la scomparsa dell'ultima vittima, una donna benestante che le aveva promesso un lavoro in una fabbrica di sapone.

Dopo aver trovato i vestiti sporchi di sangue della vittima, la polizia fu immediatamente allertata. La Cianculli fu arrestata e durante il processo confessò gli omicidi e spiegò come aveva trasformato i resti delle sue vittime in sapone e dolci.

Fu condannata a 30 anni di carcere, dove trascorse il resto della sua vita. Il caso di Leonarda Cianculli è considerato uno dei più raccapriccianti della storia italiana e il suo metodo di trasformare i resti delle vittime in sapone e dolci le è valso il soprannome di "Saponificatrice di Correggio".

Il caso di Leonarda Cianculli è un esempio straziante di psicopatia e violenza estrema. Le azioni della Cianculli possono essere attribuite a diversi fattori psicosociali.

In primo luogo, aveva un rapporto complicato con la madre, che era prepotente e controllante. Questo può aver fatto sì che la Cianculli sviluppasse un attaccamento molto forte ai propri figli e alla paura di perderli.

In secondo luogo, la Cianculli era profondamente superstiziosa e credeva nel soprannaturale. Si recò da diversi cartomanti che le dissero che uno dei suoi figli sarebbe morto giovane, il che potrebbe aver alimentato la sua paranoia e averle fatto credere di dover prendere misure drastiche per evitarlo.

Oltre alle sue credenze superstiziose, soffriva anche di grave ansia e depressione. Ha avuto diversi aborti spontanei che hanno accresciuto il suo senso di perdita e isolamento.

Ha anche vissuto diversi eventi traumatici nella sua vita, tra cui la morte di uno dei suoi figli durante la Seconda Guerra Mondiale. Questo può aver contribuito al suo esaurimento e alla sua discesa nella follia.

Tale Madre, Tale Figlia: Thofana D'adamo e Giulia Tofana

L'antico proverbio "Tale madre, tale figlia" sottolinea la forte influenza e somiglianza tra una madre e sua figlia. Questa frase è spesso usata per descrivere le somiglianze di atteggiamenti, comportamenti e caratteristiche tra le madri e le loro figlie.

Gli studi hanno dimostrato che i bambini imparano più dai genitori che da qualsiasi altra fonte sociale. Pertanto, la madre occupa una posizione potente nel plasmare il comportamento, le credenze e i valori della figlia.

Una figlia trascorre gli anni della formazione a stretto contatto con la madre, osservando ed emulando la sua routine quotidiana, le sue abitudini e i suoi atteggiamenti. Il legame tra madre e figlia è spesso considerato il più forte e unico della famiglia.

Le figlie spesso guardano alle madri come modelli e cercano di seguire le loro orme. Per questo motivo, è probabile che le abitudini e i comportamenti, sia buoni che cattivi, vengano tramandati di generazione in generazione.

Pertanto, il proverbio "Tale madre, tale figlia" serve a ricordare la potente influenza che una madre esercita sulla personalità e sulla traiettoria di vita della figlia. Ricollegandoci al famoso detto, il caso di Thofania D'adamo e Giulia Tofana è un evento avvenuto in Italia nel XVII secolo.

Thofania D'adamo era divenuta famosa a causa dei suoi crimini incentrati sull'avvelenamento delle vittime mentre Giulia Tofana, ossia la figlia, era la sua apprendista. Thofania D'adamo nacque a Palermo, in Sicilia, alla fine del 1500. Era un'estetista che offriva trattamenti di bellezza ai suoi clienti.

Era nota per il suo lato oscuro: era una famigerata avvelenatrice che si ritiene abbia ucciso oltre 600 uomini. Inoltre, la donna era famosa per aver venduto ai suoi clienti un tonico di bellezza velenoso che si diceva migliorasse la loro carnagione e li facesse sembrare più giovani.

Il suo tonico, infatti, era fatto con arsenico, belladonna e altre sostanze chimiche mortali. Molte persone che consumavano il suo tonico morivano di una morte dolorosa e agonizzante.

Giulia, nata a Napoli all'inizio del 1600, divenne famosa per la vendita di un veleno chiamato Aqua Tofana, un liquido incolore, inodore e insapore che si scioglieva facilmente in qualsiasi bevanda.

L'Aqua Tofana era usata soprattutto dalle donne che volevano liberarsi dei loro mariti indesiderati. Il veleno era così efficace che poteva uccidere la vittima dopo poche ore dall'assunzione. Giulia produceva il veleno e lo vendeva in tutta Italia come un popolare prodotto di bellezza.

La loro fortuna si esaurì quando le autorità vennero a conoscenza del loro complotto velenoso. Alla fine, Thofania fu arrestata, processata e condannata a morte dalle autorità. Thofania fu poi giustiziata mediante decapitazione, mentre di Giulia si persero le tracce. Alcune fonti la vedono morire nel suo letto, altre, giustiziata anch'essa.

L'analisi psicologica di questo caso presenta diverse componenti che possono spiegare le ragioni per cui questa madre e questa figlia ricorsero a una pratica così oscura e pericolosa. In primo luogo, il contesto in cui vivevano era caratterizzato da un'estrema disuguaglianza di genere, in cui le donne avevano opzioni limitate per sfuggire a relazioni abusive o ad avances indesiderate.

L'uso del veleno, quindi, sembra riflettere un tentativo disperato di proteggersi e di ottenere il controllo sulla propria vita. Inoltre, la cultura della segretezza e della diffidenza che caratterizzava la società italiana dell'epoca contribuiva a creare un certo senso di indipendenza, che Tofana e D'adamo usavano a loro vantaggio.

Fornendo alle loro clienti i mezzi per sfuggire a situazioni opprimenti, favorirono un senso di comunità tra le donne, permisero loro di condividere le proprie storie e crearono fiducia. Un'altra spiegazione psicologica del successo dell'impresa di Tofana e D'adamo è la manipolazione dei loro clienti.

Hanno venduto il loro veleno come un bene che poteva migliorare la vita delle donne, ma allo stesso tempo era pericolosamente velenoso. Attraverso le loro tattiche di marketing, hanno fatto leva sulle paure e le ansie delle donne in una società patriarcale, convincendole che l'unica soluzione fosse acquistare l'Aqua Tofana.

Giovanna Bonanno ovvero La Vecchia dell'Aceto

Non sorprende sapere che anche il caso di Giovanna Bonanno, è una storia intrigante che affonda le sue radici nella poverta' e nell'emarginazione della Sicilia del '700. La donna e' rimasta tristemente famosa col soprannome 'la Vecchia dell'Aceto', per via della parola in codice usata per ordinare il veleno, mascherato appunto sotto l'innocuo nome di *aceto*.

La donna era una mendicante, infelicemente sposata prima, e vedova poi, dalla vita segnata da estrema miseria e poverta'.

Sembra che l'idea di vendere veleno le fosse venuta osservando per caso un incidente in cui un bambino aveva ingerito inavvertitamente una lozione per pidocchi, e la cui vita era in pericolo. Si trattava di un preparato a base di vino, arsenico e aceto, venduto da un aromatario locale di Palermo- ai giorni nostri diremmo farmacista- citta' in cui Giovanna Bonanno era solita mendicare per sopravvivere.

La donna non ci penso' due volte ad architettare il suo malefico business, di cui gia' intuiva la potenzialita' di allettanti proventi, e decise di provarlo su un cane randagio. Al malcapitato animale fu offerto pane intriso dell' 'arcano liquore', che oltre a garantire l'effetto auspicato, aveva anche il vantaggio di non lasciare alcuna traccia di avvelenamento. Ricordo che la vicenda si svolse nella Sicilia di oltre duecento anni fa, quando non esistevano tecniche identificative scientifiche di alcuna sorta, in un momento storico a cavallo tra un'illuminismo pseudo-scientifico ed un sostrato culturale, ancora vivo, di matrice superstiziosa (faccio presente che l'ultimo rogo per stregoneria avvenne nel 1724).

Il povero animale, che ebbe la sventura di incrociare il cammino della Bonanno, fu probabilmente la prima cavia di laboratorio della storia nonche' la sua prima vittima.

La morte sopraggiunge da una a due settimane in tre fasi successive a seguito di altrettante dosi, non senza atroci dolori, riconducibili, per la medicina di allora, a malattie gastrointestinali. La pozione e' infatti incolore e insapore e puo' essere facilmente aggiunta a bevande e cibi senza lasciare traccia. La clientela e' presto individuata in donne infelicemente maritate, povere, spesso con un amante pronto a soppiantare l'odiato marito. La voce si sparge in gran segreto ma rapida come il fulmine: l'infelicita' coniugale era un mal comune e una soluzione permanente e a buon mercato era un'offerta preziosa che non si poteva rifiutare.

Diverse furono le signore maritate che si avvalsero di questo lasciapassare per la liberta', ed e' inutile dire che l'efficacia testata del prodotto 'miracoloso' procuro' alla Bonanno fama presso una clientela ai margini della societa', dove abusi domestici e situazioni familiari annose non trovavano giustizia presso le autorita' dell'epoca. L'unica soluzione alla sofferenza e ai soprusi ignorati sembra essere una pozione magica che, come per incanto, spazzi via l'infelicita' di una vita misera, nella speranza di fare spazio ad un amore o ad una vita nuovi.

La Bonanno comincia ad essere considerata da alcuni come una strega, e quando i sospetti si concentrano sul suo operato, in principio nessuno osa sfidarla apertamente, perche' la superstizione ancora dilaga in una societa' che vuole uscire dal buio oscurantista di recente memoria, ma che ancora crede nella magia, in cui il confine tra malattia e maleficio e' ancora zona grigia. Le vitime si susseguono, ma strangamente tutte nello stesso quartiere di Palermo dove vive la Bonanno, fino al giorno in cui, una cliente colta dai rimorsi, forse la prima pentita della storia giudiziaria, si fa avanti e la denuncia alle autorita'.

La Bonanno viene arrestata, condotta alla Corte Capitanale di Palermo che la spedisce in carcere. Qui trascorrera' nove mesi e subira' torture per stregoneria con corde a trazione che richiamano la famigerata pratica dell'Inquisizione, anche se aveva gia' confessato i suoi crimini nelle prime fasi dell'interrogatorio. Non confessera' mai di essere una strega.

La Bonanno fu la protagonista di un famoso processo che la condannera' alla pena capitale con l'accusa di omicidio. La Vecchia dell'Aceto morira' a 75 anni per impiccagione.

Le effettive dispensatrici del veleno, unitamente alle mandanti dei delitti, se la caveranno col carcere.

Il Mostro di Udine

Il noto caso del mostro di Udine è uno dei più efferati casi irrisolti della storia italiana moderna.

Nell'arco di tempo che va' dal 1971 al 1989, quindici donne, delle quali dodici erano lavoratrici del sesso, furono barbaramente uccise, e per quasi due decenni, questo abile serial killer tenne in pugno la popolazione e le autorita', seminando terrore.

Anche di questo criminale e' stato fatto un profilo psicologico, grazie anche agli scabrosi particolari con cui uccideva le sue vittime. E' appurato che avesse ottime conoscenze dell'anatomia femminile, e che prediligesse donne vulnerabili su cui si accaniva, seviziandole ancora vive, con ferite da taglio e deturpazioni con lame roventi. Il suo modus operandi rilevava ritualita', abilita' manuale e tecnica e meticolosita', unite ad una totale mancanza di empatia e compassione.

Il profilo psicologico del mostro di Udine rivela una profonda frustrazione per l'impossibilita' di esercitare la professione medica a cui aveva evidentemente dedicato lunghi studi. Era solito lasciare la sua 'firma' sui corpi delle vittime, un taglio ad *esse* sull'addome, simile aad un taglio cesareo.

Tutt'oggi non si conosce con certezza l'identita' di questo assassino seriale. Vi sono solo sospetti, supposizioni e prove circostanziali.

Il caso ha suscitato grande scalpore in Italia e non solo per il numero elevato di vittime e per il periodo prolungato in cui si sono verificati gli omicidi. Inoltre, il fatto che questo pericolosissimo serial killer sia riuscito a sfuggire alla cattura ha sollevato preoccupazioni sull'efficenza delle forze dell'ordine italiane.

Serial Killer Britannici

I serial killer britannici condividono alcune caratteristiche che li distinguono dai delinquenti abituali. Secondo le ricerche, la maggior parte degli assassini seriali britannici tende a essere maschio, bianco e di mezza età. Spesso hanno una storia di abusi o traumi infantili, che possono causare disturbi della personalità, come il disturbo borderline di personalità o il disturbo antisociale di personalità. Questi ultimi appaiono essere non di rado collegati con la devianza e la criminalità – sebbene sia importantissimo non effettuare generalizzazioni errate che vogliano alludere che tutte le persone con tali disturbi siano necessariamente dei criminali. La relazione che vi è tra questi disturbi di personalità e i comportamenti criminali è complessa e dipende da una serie di fattori. Il disturbo borderline di personalità è caratterizzato da instabilità emotiva, impulsività, problemi di autostima e difficoltà nelle relazioni interpersonali. Le persone con DBP possono essere inclini a comportamenti autolesionistici e possono lottare con l'autocontrollo delle emozioni. Mentre alcune persone con DBP possono essere coinvolte in reati, come aggressioni o comportamenti autodistruttivi, non tutti i soggetti con DBP diventano criminali.

D'altra parte, il disturbo antisociale di personalità è caratterizzato da un persistente disprezzo per i diritti altrui, mancanza di empatia, impulsività, manipolazione e tendenza a violare le norme sociali. Le persone con DAP possono manifestare comportamenti antisociali, criminali e manipolativi, come truffe, furti, aggressioni o violenze.

È cruciale comprendere che i disturbi di personalità non sono una causa diretta di comportamenti criminali. Tuttavia, alcune caratteristiche associate a questi disturbi, come l'impulsività, l'instabilità emotiva o la mancanza di empatia, possono aumentare la probabilità che una persona si coinvolga in attività illegali. Allo stesso tempo, abbiamo visto che fattori ambientali, esperienze traumatiche o il coinvolgimento in ambienti sociali devianti possono influenzare ulteriormente il rischio di coinvolgimento nella criminalità.

Nell'analisi dei killer britannici emerge anche che queste persone tendono a prendere di mira individui vulnerabili come prostitute, senzatetto o tossicodipendenti, perché hanno meno probabilità di essere individuati o indagati dalle autorità, e spesso senza legami famigliari. Spesso utilizzano una combinazione di metodi violenti come lo strangolamento, l'accoltellamento o l'avvelenamento, e tendono a continuare a uccidere fino a quando non vengono catturati o resi inabili.

La maggior parte dei serial killer britannici sono noti anche per il loro comportamento sadico, che consiste nel trarre piacere o soddisfazione dall'infliggere dolore e sofferenza alle loro vittime.

Nonostante ciò, i serial killer britannici tendono a essere intelligenti e abili a nascondere le proprie tracce, il che li rende difficili da arrestare. Spesso hanno un quoziente intellettivo superiore alla media e possono anche avere un lavoro o un'istruzione professionale.

Non ci resta che vedere di seguito quali sono i serial killer britannici noti per le loro "gesta" non particolarmente encomiabili.

William Burke e William Hare

William Burke e William Hare erano due famigerati serial killer che hanno commesso degli orribili omicidi a Edimburgo, in Scozia, all'inizio del XIX secolo. I due furono responsabili della morte di almeno 16 persone, anche se si sospetta che possano averne uccise di più. Commisero i loro crimini tra il novembre 1827 e l'ottobre 1828.

Il modus operandi di Burke e Hare consisteva nell'attirare vittime ignare nella loro casa, dove poi le soffocavano con un cuscino o comprimevano il loro petto per accelerare il processo di morte.

Burke e Hare usavano varie tattiche per attirare le vittime. Avvicinavano viaggiatori solitari, offrivano loro un alloggio e un pasto caldo, e poi procedevano all'omicidio mentre dormivano. Prendevano di mira preferibilmente persone vulnerabili, come coloro che soffrivano di dipendenza dall'alcol, gli anziani e i senzatetto che potevano essere alla disperata ricerca di un rifugio.

Un'altra tattica che utilizzavano era quella di fare amicizia con persone ignare nei pub e nelle taverne locali e poi invitarle a casa loro per bere qualcosa. Una volta che la vittima era ubriaca, Burke e Hare la uccidevano.

Prendevano di mira anche donne che lavoravano come prostitute e le attiravano a casa loro con la promessa di un pagamento per prestazioni sessuali. Le loro vittime avevano un'età compresa tra gli 8 e i 70 anni e non facevano discriminazioni di genere. I corpi venivano poi venduti alle scuole di medicina – con particolare riguardo a Robert Knox, anatomista - per essere dissezionati e studiati, dato che all'epoca c'era una forte richiesta di cadaveri.

Il duo fu infine catturato dopo aver ucciso una donna di nome Margaret Docherty. Burke fu arrestato e processato per il crimine; fu dichiarato colpevole e condannato a morte per impiccagione.

A Hare, che aveva denunciato Burke alle autorità, fu offerta l'immunità in cambio della sua testimonianza contro Burke.

Nonostante la natura scioccante dei loro crimini, il caso di Burke e Hare ebbe un impatto duraturo sulla formazione medica e sulla professione di anatomista. La pubblicità del caso portò a una maggiore consapevolezza della necessità di standard legali ed etici nell'uso dei cadaveri per la ricerca e la formazione medica.

La protesta dell'opinione pubblica portò all'approvazione dell'Anatomy Act del 1832, che consentiva la donazione legale di corpi per scopi anatomici. Si trattò di una svolta per lo studio dell'anatomia, in quanto permise alle scuole di medicina di avere accesso a un numero sufficiente di corpi per far fronte alla crescente domanda. Prima dell'approvazione della legge, gli anatomisti dovevano ricorrere a mezzi illeciti per ottenere i corpi, spesso affidandosi a tombaroli.

Mary Ann Cotton

Mary Ann Cotton, nota anche come "Dark Angel", è stata una delle più famose serial killer britanniche. Nata nel 1832 a Durham, in Inghilterra, Cotton ebbe un'infanzia difficile, caratterizzata da povertà e cattiva salute.

Fu soprannominata "Dark angel" per il suo aspetto angelico che mascherava la sua vera natura di spietata assassina.

Divenne infermiera e ostetrica, ma la sua carriera fu costellata di controversie. Fu accusata di furto e fu nota per aver usato le sue conoscenze sull'avvelenamento da arsenico per interrompere gravidanze indesiderate.

Tra il 1863 e il 1873, Mary Ann Cotton uccise circa 21 persone, tra cui mariti, figli, figliastri e amanti. La maggior parte delle sue vittime furono membri della famiglia e per eliminarli usava una serie di metodi letali, tra cui l'arsenico e lo strangolamento. Il metodo di somministrazione dell'arsenico variava a seconda delle vittime. Per i figli, camuffava il veleno aggiungendolo come ingrediente a dolci e torte. I mariti, invece, venivano tentati con una tazza di tè contenente una dose fatale di arsenico, che lei mescolava con lo zucchero per mascherarne il sapore amaro.

Cotton era astuta nelle sue azioni, spesso convinceva le sue vittime a stipulare polizze di assicurazione sulla vita e poi le avvelenava per riscuotere il pagamento. Inoltre, si spostava spesso, utilizzando diversi pseudonimi e luoghi per evitare di essere scoperta.

Il regno del terrore di Cotton ebbe fine nel 1872, quando fu arrestata per l'omicidio del figliastro. Dopo un lungo processo, fu dichiarata colpevole e condannata a morte per impiccagione il 24 marzo 1873. La sentenza fu eseguita nella prigione della contea di Durham, dove Cotton attese il suo destino per diversi mesi dopo il processo. Il suo ultimo giorno è stato descritto come freddo e umido, con una fitta nebbia che avvolgeva la prigione. Indossava un abito di seta nero, uno scialle, una cuffia e un velo. Appariva calma e raccolta, nonostante la triste realtà della situazione.

L'esecuzione di Cotton fu eseguita da William Calcraft, un boia noto per la sua brutalità e inettitudine. Il patibolo fu eretto fuori dal cancello principale della prigione e Cotton fu condotta alla morte davanti a una folla di centinaia di persone.

Dopo un breve discorso, Cotton fu condotta sul patibolo, dove Calcraft le mise il cappio al collo. La donna rimase composta mentre il boia tirava la leva che sbloccava la botola sotto i suoi piedi, facendola cadere per circa tre metri. La morte sarebbe dovuta sopraggungere per rottura del collo, come previsto dalla pena, tuttavia Cotton mori' lentamente per strangolamento, in quanto la corda era troppo corta. Non si sa se per imperizia del boia, o delberatamente.

La storia di Mary Ann Cotton ha affascinato e inorridito le persone per generazioni. Si ritiene che fosse motivata dall'avidità e i suoi crimini efferati avrebbero ispirato innumerevoli opere letterarie e cinematografiche. Il suo nome è diventato sinonimo di omicidio seriale in Gran Bretagna e la sua storia rimane un ammonimento sugli aspetti più oscuri della natura umana.

Amelia Dyer

Nel corso della storia, ci sono stati molti noti serial killer le cui azioni hanno fatto venire i brividi anche agli individui più coraggiosi. Uno di questi assassini è Amelia Dyer, un'infermiera e allevatrice britannica che divenne nota per i suoi terribili crimini alla fine del XIX secolo. Era conosciuta come "l'orchessa di Reading" per la natura raccapricciante dei suoi crimini.

Nata a Bristol, in Inghilterra, nel 1837, Amelia Dyer iniziò la sua carriera criminale come allevatrice di bambini. All'epoca, molte madri single che non erano in grado di prendersi cura dei propri figli pagavano delle accuditrici perché si prendessero cura dei loro bambini fino a quando non riuscivano a trovare una casa definitiva per loro. Purtroppo, alcune allevatrici trascuravano, maltrattavano o addirittura uccidevano i bambini affidati alle loro cure per trarne maggiori profitti.

Amelia Dyer era una di queste crudeli accuditrici. Intascava il denaro che riceveva dalle madri disperate dei bambini e poi lasciava che i neonati indifesi morissero di fame, di abbandono, o ne provocava la morte per strangolamento o avvelenamento.

Si ritiene che Amelia Dyer abbia ricavato una notevole quantità di denaro dai suoi atti efferati. Numerosi corpi di neonati furono trovati nel Tamigi, spesso con un laccio o una corda attorno al collo, ma fu solo dopo il ritrovamento del corpo di un neonato in una scatola con un indirizzo che riconduceva alla donna, che Amelia Dyer fu arrestata.

Fu processata, dichiarata colpevole e impiccata nella prigione di Newgate a Londra il 10 giugno 1896.

Tra il 1871 e il 1896, uccise almeno 300 neonati affidati alle sue cure, e forse molti di più.

Quando la polizia perquisi' la casa, trovo' i corpi di molti altri bambini, oltre a prove incriminanti come lettere di madri sconvolte che avevano affidato i loro figli alla Dyer.

L'esecuzione della pena capitale fu eseguita da William Marwood, un pioniere del metodo di impiccagione "a caduta lunga", che mirava a ridurre al minimo le sofferenze dei condannati spezzando loro il collo all'istante.

Tuttavia, alcuni resoconti suggeriscono che Amelia Dyer non morì immediatamente dopo la caduta e che il suo corpo si contorse e convulse per diversi minuti, provocando le urla di orrore della folla di curiosi. Alcuni sostengono addirittura che il boia dovette scendere dal patibolo e strangolarla manualmente fino alla morte. Questi racconti, tuttavia, vanno considerati con cautela, poiché non sono corroborati da documenti ufficiali e potrebbero essere stati sensazionalizzati dai media.

La storia di Amelia Dyer ci ricorda in modo terrificante che alcune persone sono capaci di atti di malvagità indicibili. I suoi orribili crimini hanno spinto a modificare in modo significativo le leggi che proteggono i neonati e i bambini nel Regno Unito, nonché ad aumentare il controllo sulla pratica dell'allevamento di neonati. Il suo nome viene pronunciato con repulsione ancora oggi, a distanza di oltre un secolo.

William Palmer ovvero il Principe degli Avvelenatori

William Palmer, noto anche come il Principe degli avvelenatori, o l'avvelenatore di Rugeley, è stato un noto serial killer vissuto nel XIX secolo. Nacque il 6 agosto 1824 a Rugeley, nello Staffordshire, in Inghilterra. Fin da giovane mostrò un forte interesse per la medicina e l'anatomia, conducendo spesso esperimenti su animali e sezionandoli. All'età di 14 anni aveva già iniziato a studiare medicina sotto la tutela di un medico locale.

L'interesse di Palmer per la pratica medica si approfondì quando si trasferì a Londra per frequentare la facoltà di medicina. In quel periodo sviluppò un interesse per le proprietà tossiche di alcune droghe e veleni, che iniziò a sperimentare. Nonostante avesse ricevuto solo una formazione medica di base,

Palmer riuscì a ottenere la licenza di medico e iniziò a praticare la medicina.

Tuttavia, non furono le capacità di Palmer come medico a distinguerlo. Fu piuttosto la sua competenza in materia di veleni e tossicologia a fargli guadagnare notorietà. Si dice che Palmer avesse una conoscenza enciclopedica dei veleni e che disponesse di una vasta collezione di veleni e droghe.

In realtà, fu proprio la sua abilità nell'uso dei veleni a portarlo alla rovina. La reputazione di Palmer di usare il veleno per saldare i debiti e regolare i conti con chi lo ostacolava lo rese il principale sospettato di una serie di omicidi.

La prima vittima di Palmer fu il suo amico John Parsons Cook, che era assicurato per una notevole somma di denaro. Palmer era il beneficiario della polizza assicurativa. Cook era un allibratore e proprietario di cavalli da corsa. Morì nel novembre del 1855 e Palmer divenne inizialmente il principale sospettato quando si scoprì che doveva a Cook un'ingente somma di denaro. Durante l'autopsia di Cook, Palmer si comportò in modo sospetto e cercò di interferire con il procedimento insistendo per essere presente. Si offrì anche di lavare lo stomaco di Cook, sostenendo di avere conoscenze mediche che non possedeva. Nonostante ciò, durante l'autopsia fu trovata della stricnina nel corpo di Cook, il che portò all'arresto di Palmer.

Palmer procedette quindi a manomettere le prove nel tentativo di scagionarsi. Corruppe il presidente della giuria del coroner e alcuni dei testimoni perché testimoniassero a suo favore. Arrivò persino a fabbricare una lettera di Cook, presumibilmente scritta poco prima di morire, in cui scagionava Palmer da qualsiasi illecito.

Nel 1856, Palmer iniziò a farsi un nome come serial killer. Altre sue vittime furono suo fratello, la moglie Ann Palmer, sua suocera e quattro dei suoi stessi figli. Tutti erano assicurati e Palmer era il beneficiario delle loro polizze. Morirono tutti nel giro di poco tempo l'uno dall'altro e i sospetti iniziarono ad indirizzarsi su di lui. Alla fine fu arrestato per omicidio nel 1856 e quindi processato.

Il processo di Palmer fu molto pubblicizzato e attirò grandi folle. Fu il primo processo a essere ampiamente riportato dai media e il fascino del suo caso contribuì alla nascita della cronaca nera. Nonostante le sue dichiarazioni di innocenza, Palmer fu dichiarato colpevole e impiccato il 14 giugno 1856, nella prigione di Stafford.

Aveva solo trentuno anni quando l'esecuzione fu eseguita. Una grande folla di circa trentamila persone accorse ad assistere all'evento e molti avevano viaggiato da lontano.

William Palmer fu una figura significativa nella storia dei serial killer. La sua astuzia e il suo fascino gli permisero di farla franca per un certo periodo di tempo, ma i suoi crimini efferati finirono per raggiungerlo. Le sue azioni e il modo in cui è stato assicurato alla giustizia lo hanno reso una figura macabra della storia vittoriana.

Serial Killer Americani

I serial killer americani sono individui responsabili di una serie di crimini raccapriccianti ed efferati commessi per un lungo periodo di tempo. A causa della natura sensazionale dei loro crimini, sono state condotte numerose ricerche sulle loro caratteristiche psicologiche e comportamentali.

Una caratteristica che accomuna i serial killer americani ai loro colleghi d'oltreoceano è la totale mancanza di empatia per le loro vittime. In genere considerano le loro vittime come strumenti da cui trarre piacere causando loro dolore e sofferenza. Questa mancanza di empatia può derivare da una serie di fattori, tra cui traumi infantili, lesioni cerebrali o malattie mentali. Un'altra caratteristica comune dei serial killer americani è che spesso mostrano un modello di comportamento che può essere ricondotto alla loro infanzia. Molti hanno subito abusi o traumi negli anni della giovinezza e questo può portare a un senso di distacco dal resto della società.

La maggior parte dei serial killer americani mostra un approccio altamente organizzato e metodico ai propri crimini.

Pianificano attentamente i loro attacchi, selezionando le vittime in base a criteri specifici, come l'età, il sesso e l'occupazione. Possono anche impegnarsi in pedinamenti o sorveglianze per conoscere meglio le loro vittime e le loro abitudini.

Possono avere carriere di successo, relazioni stabili e nessun precedente penale. Questa facciata affascinante spesso serve a mascherare la loro vera natura e permette loro di evitare di essere scoperti.

Mary Cowan ovvero La Borgia del Maine

Mary A. Cowan, nota anche come la Borgia del Maine, fu tristemente nota per le sue azioni spietate e letali nei confronti dei membri della sua stessa famiglia. La domanda sul perché abbia commesso crimini così efferati rimane tuttora oggetto di intrighi e speculazioni.

Secondo i documenti storici, Mary A. Cowan nacque nel 1863 nel Maine. Figlia di un veterano della guerra civile, Mary fu descritta come una persona intelligente e manipolatrice, abile nell'ingannare coloro che la circondavano. Tuttavia, la sua vita prese una piega oscura quando iniziò a sviluppare un profondo risentimento nei confronti dei suoi stessi familiari.

Si sposo' giovane e la sua prima vittima fu suo marito Willis Bean, da cui ebbe tre figlie, anch'esse decedute in tenerissima eta' in circostanze sospette.

Cowan era una maestra nell'arte dell'avvelenamento. Le sue vittime morivano tra atroci dolori di stomaco. Pianificò ed eseguì meticolosamente i suoi crimini per anni senza che alcuna indagine nei suoi confronti fosse avviata.

Si sposo' ben presto una seconda volta con George Taylor, il quale segui' la stessa sorte del primo marito, morendo anche lui dopo quattro giorni di agonia e atroci sofferenze.

La vedova Mary, che fingeva una vedovanza sofferta, ricevette persino una cospicua somma di denaro, frutto di una raccolta di fondi organizzata dai colleghi del marito.

Il suo modus operandi consisteva nel cospargere il cibo delle sue vittime di arsenico, una sostanza chimica velenosa che provocava dolori lancinanti, convulsioni e morte. La donna cullava i suoi familiari in un falso senso di sicurezza fingendo di prendersi cura di loro, arrivando persino ad accudirli quando si ammalavano.

Ma le tattiche doppiogiochiste di Cowan non erano destinate ad ingannare a lungo.

Il bilancio delle vittime cominciò a salire rapidamente e la comunita' iniziò a interrogarsi sulla sorprendente frequenza dei decessi per cause apparentemente naturali. Cominciarono a diffondersi voci sul coinvolgimento di Cowan nelle morti, ma nessuno riuscì a provarlo.

Nel frattempo, a distanza di pochi mesi dalla morte del secondo marito, Mary si sposo' per la terza volta con Elias Cowan, un agricoltore vedovo che aveva un figlio di otto anni, Willis. Ben presto anche il bambino accuso' forti dolori allo stomaco e il medico fu chiamato prontamente. Prescrisse delle medicine al piccolo Willis, che tuttavia mori' due giorni dopo agonizzando terribilmente. Anche il terzo marito accuso' dolori allo stomaco, e ormai era sotto gli occhi di tutti che coloro che erano a stretto contatto con Mary Cowen subiva la stessa sorte. I sospetti si trasformarono in certezza quando il corpo del piccolo Willis fu riesumato; nel suo stomaco fu trovata una dose fortissima di arsenico e, come e' facilmente intuibile, finalmente la follia omicida di Mary Cowan ebbe fine quando fu prontamente arrestata nel 1894.

Il movente esatto delle azioni di Mary non è ancora chiaro, ma molti ipotizzano che siano stati l'avidità e il desiderio di denaro ad alimentare la sua furia mortale. Era nota per la sua motivazione finanziaria e avrebbe fatto di tutto per ottenere il controllo dei beni di famiglia. Inoltre, si crede che provasse un forte risentimento nei confronti dei membri della sua famiglia, il che suggerisce che le sue azioni potrebbero essere state guidate da una rabbia profondamente radicata.

L'arresto di Cowan è stato possibile grazie all'instancabile lavoro della Polizia di Stato del Maine, che ha condotto un'indagine approfondita sulle sue attività criminali. Sono stati in grado di raccogliere le prove necessarie per costruire un caso solido contro di lei e alla fine consegnarla alla giustizia.

Fu condannata all'ergastolo ma mori' in prigione a soli trentacinque anni, non senza prima aver dato alla luce il quarto figlio, anche lui deceduto misteriosamente pochi giorni dopo la nascita.

Molti si chiedono ancora cosa possa averla spinta a commettere atti così atroci nei confronti del suo stesso sangue.

Felipe Espinosa

Felipe Espinosa fu un serial killer estremamente pericoloso che ha terrorizzato il territorio del Colorado negli Stati Uniti durante il 1800. Lui e suo fratello Vivián furono tristemente famosi per i loro crimini raccapriccianti e furono etichettati come due dei più famigerati fuorilegge nella storia della regione.

I fratelli Espinosa iniziarono la loro serie di omicidi nel 1863, prendendo di mira coloni e viaggiatori lungo il Greenhorn Trail. Tendevano imboscate alle loro vittime, le torturavano e poi le uccidevano brutalmente. L'arma preferita di Felipe era un lungo coltello affilato, che usava per infliggere alle vittime ferite raccapriccianti. Felipe nutriva un particolare odio per i coloni bianchi e si diceva che fosse a capo di una banda di guerrieri nativi americani noti come Utes. Esponeva i resti delle sue vittime come monito per gli altri.

Trentadue persone furono barbaramente uccise dal famigerato duo, sebbene il progetto di Espinosa era di massacrarne ben seicento.

I motivi per cui Felipe uccideva erano alimentati dal desiderio di vendetta contro i coloni bianchi che avevano invaso le terre dei nativi americani. Le sue azioni violente furono viste come una forma di resistenza contro le ingiustizie dell'epoca. Tuttavia, i suoi metodi brutali di vendetta gli valsero un posto nella storia come uno dei fuorilegge più spietati e temuti del Vecchio West.

Il regno sanguinario dei fratelli ebbe fine nel 1863, quando un gruppo di vigilanti li catturò e li impiccò a un albero. La testa di Felipe fu tagliata, conservata nell'alcol ed esposta come monito per gli aspiranti criminali. È interessante notare che la testa è stata riscoperta in un museo nel 2007 ed è stata riportata in Colorado per essere sepolta nel 2018.

Le gesta di Felipe Espinosa si sono tramandate nel tempo come una storia di paura e orrore. Fu un famigerato assassino che non mostrava alcuna pietà né rimorso, uccidendo con forza brutale persone innocenti. Sebbene il suo regno sia stato di breve durata, il suo nome continua a ricordare la natura raccapricciante della malvagità umana.

Belle Gunness ovvero Lady Barbablu'

Belle Gunness, nota anche come "Lady Barbablù", è stata una famigerata serial killer che si ritiene abbia ucciso tra le 25 e le 40 persone, tra cui i suoi stessi figli, tra la fine del 1800 e l'inizio del 1900. Nata nel 1859 in Norvegia, Gunness emigrò negli Stati Uniti nel 1881 e si stabilì a Chicago. Qui iniziò la sua atroce serie di omicidi. Il soprannome allude alla fiaba francese di Barbablù, un ricco aristocratico che uccide le sue mogli. Allo stesso modo, Gunness ha ucciso i suoi pretendenti, per lo più uomini ricchi in pensione in cerca di matrimonio.

Gunness era una donna di grossa taglia, alta più di un metro e ottanta, ed era nota per la sua personalità affascinante e carismatica, che usava per adescare le sue vittime. Metteva annunci sui giornali in cerca di pretendenti e, dopo che questi arrivavano alla sua fattoria nell'Indiana, li uccideva e ne seppelliva i resti nella sua proprietà. Gunness era anche nota per le sue truffe assicurative, che usava per trarre profitto dalla morte delle sue vittime.

Nel 1896 sposò il suo primo marito, Mads Sorenson, che morì pochi mesi dopo. La donna riscosse un'assicurazione sulla vita di 8.5000 dollari, sostenendo che era morto per un'overdose accidentale di stricnina. Anche due bambini morirono nella casa du Gunness in circostanze sospette ma mai indagate, e ancora una volta, Gunness riscosse un'ingente somma di denaro per la morte di ciascun bambino. Quando incontrò e sposò il suo secondo marito, Peter Gunness, nel 1902, aveva accumulato una discreta rendita grazie alla morte del primo marito e dei due bambini.

Come e' facilmente intuibile, improvvisamente anche il secondo marito, a cui pure era intestata un'assicurazione sulla vita, si ammalo' e mori' a distanza di soli otto mesi dal matrimonio. Ancora una volta, la donna riscosse una lauta somma, con la quale compro' una fattoria a La Porte, in Indiana. I sospetti sulla donna stavano crescendo, ma nessuna indagine ufficiale fu avviata.

Una volta insediatasi nella sua fattoria, Gunness comincio' a pubblicare annunci matrimoniali su testate gioranlistiche di Chicago, attirando nella sua proprieta' i pretendenti interessati. Sparirono poco dopo uno ad uno in modo discreto e misterioso.

Le sue attivita' criminali furono scoperte solo casualmente a seguito di un incendio presso la sua fattoria: furono scoperti i resti di almeno undici persone, tra cui piedi, mani e una testa, tre bambini, e un corpo di donna acefalo. All'inizio si credette che quest'ultimo fosse della Gunness, in realta' ci si accorse ben presto che era fuggita fingendo la sua stessa morte, e che quel corpo senza testa era quello di un'ennesima vittima uccisa per far credere che Gunness fosse appunto perita nell'incendio.

Il factotum di Gunness, Ray Lamphere, nonche' suo complice, confesso' i crimini commessi dalla donna. Confesso' anche che quando seppe che il fratello di uno dei pretendenti minaccio' di presentarsi alla fattoria perche' insospettito della sparizione del congiunto, Gunness abbia deliberatamente dato ordine di bruciare la fattoria fingendo di perire anch'essa nel rogo.

Tuttavia, quando le forze dell'ordine arrivarono alla propieta', o di quello che ne restava,, ad un controllo piu' accurato, scoprirono che era fuggita.

Ancora oggi non è chiaro quante persone Gunness abbia ucciso. Non fu mai mai consegnata alla giustizia.

Il caso di Belle Gunness è stato uno dei più scioccanti e raccapriccianti della storia americana e continua ad affascinare ancora oggi. La sua avidita' serve a ricordare i pericoli che si corrono fidandosi ciecamente degli altri e il male che può risiedere anche nelle persone apparentemente più affascinanti e innocenti.

Helm Boone ovvero Il Cannibale del Kentucky

Helm Boone era un famigerato serial killer conosciuto con il soprannome "Cannibale del Kentucky" che si guadagnò una reputazione per i suoi atti raccapriccianti all'inizio del 1800. Divenne noto per i suoi atti di efferata e gratuita violenza, e per la sua proclivita' a consumare carne umana, quella delle sue vittime, non solo per motivi di sopravvivenza, ma anche per puro e malsano piacere. Spesso infatti uccideva senza motivo, cibandosi delle sue vittime, e non e' difficile immaginare che non fosse gradito in nessuna comunita' in cui metteva piede.

Boone era solito uccidere a sangue freddo, non provocato, e non mostrava rimorso o compassione. La sua fama si estese fino a precederlo per le sue gesta ripugnanti in California, Oregon, Montana e Kentucky, e la depravazione che lo contraddistingueva non fece che aumentare nel corso del tempo.

Nonostante i suoi atti efferati, Boone riuscì a evitare la cattura per anni, spostandosi di continuo di citta' in citta' e di stato in stato, eludendo a lungo i tentativi di cattura, anche perche' aveva costituito una banda di fuorilegge che tutte le nascenti citta' con cui venivano in contatto temevano.

Finalmente, nel gennaio del 1864, dopo decine di assassinii, atti di cannibalismo e spargimento di terrore nel mitico Far West, Helm Boone e la sua banda furono cattturati, processati e giustiziati per impiccagione. Non fu perturbato neanche di fronte alla sua stessa fine, e mori' con la stessa durezza con cui era vissuto.

Individui come Helm Boone hanno da sempre scosso la comunità e sollevato molte domande sulla natura della depravazione umana. Sebbene sia difficile capire cosa spinga qualcuno a un comportamento così orribile, la storia del Cannibale del Kentucky serve a ricordare l'importanza dell'applicazione della legge e la necessità di rimanere vigili contro coloro che vogliono fare del male agli altri.

Negli anni successivi alla sua esecuzione, la sua storia è diventata un importante pilastro del cannibalismo americano.

CONCLUSIONI

Siamo giunti alla fine della lettura di questo libro interamente dedicato al criminal profiling e all'analisi dei più importanti serial killer della storia: piromani, vedove nere, serial killer a sfondo sessuale e angeli della morte sono stati accuratamente descritti così da comprenderne le peculiarità e la loro complessa storia.

Mediante l'analisi della letteratura esistente in materia e le più aggiornate evidenze sul criminal profiling, diventa chiaro che l'analisi del comportamento criminale può essere uno strumento potente per le forze dell'ordine nella cattura dei criminali e nella comprensione dei loro crimini efferati.

Il criminal profiling si basa su una combinazione di conoscenze psicologiche, scientifiche e investigative, ed è in grado di offrire indizi preziosi sulle caratteristiche dei responsabili di criminali seriali. Questo approccio può portare ad un'identificazione più rapida dei sospettati, un'allocazione più efficace delle risorse investigative e, di conseguenza, ad una maggiore possibilità di successo nella risoluzione dei casi.

Sebbene i punti di forza del profiling siano tanti è bene anche riconoscerne i limiti. Nonostante i successi riportati, non si tratta di una scienza esatta e non può garantire la precisione assoluta nelle previsioni o nelle identificazioni. La mente umana è infatti molto complessa e spesso imprevedibile, gli individui possono deviare dagli schemi che hanno sempre utilizzato e dalle caratteristiche generalmente associate ai serial killer.

La collaborazione tra investigatori, psicologi, criminologi, analisti dei dati e altre figure professionali, in questo settore, può sicuramente portare a risultati più accurati ed efficaci. È fondamentale investire nelle risorse e nella formazione per sviluppare ulteriormente il campo del criminal profiling, non solo per catturare i criminali esistenti, ma anche per prevenire futuri crimini seriali.

Non bisogna neppure dimenticare, trattando della criminologia e della devianza, quanto sia importante non smettere mai di studiare e analizzare il contesto sociale, culturale e ambientale di riferimento dei serial killer. L'analisi delle motivazioni e dei modelli comportamentali dei criminali deve tener conto di fattori esterni che possono influenzare la formazione di una personalità deviante. Questo richiama l'attenzione sulla necessità di affrontare le disuguaglianze sociali, le carenze nei sistemi di supporto e altre problematiche che possono contribuire alla nascita di individui inclini alla violenza estrema.

Non meno importante è l'attenzione che dev'essere rivolta all'analisi della scena del crimine, punto di partenza per qualsiasi indagine investigativa che si possa ritenere davvero tale.

Una scena del crimine ben preservata e accuratamente analizzata può fornire una vasta gamma di informazioni cruciali, dalle prove fisiche ai dettagli contestuali che possono condurre alla ricostruzione degli eventi e all'identificazione dei responsabili. L'importanza di una corretta raccolta delle prove e della documentazione accurata non può essere sottovalutata, poiché anche i più piccoli dettagli possono rivelarsi fondamentali per risolvere il caso.

L'analisi della scena del crimine richiede un approccio multidisciplinare. Gli investigatori devono collaborare con esperti forensi, criminologi, medici legali e altre figure professionali per ottenere una comprensione completa e approfondita degli indizi raccolti. L'integrazione delle diverse competenze e prospettive può portare a una valutazione più accurata delle prove e aiutare a evitare errori di interpretazione.

È importante riconoscere, anche in questa sede, che l'analisi della scena del crimine è un'attività complessa e soggetta a sfide. Le scene del crimine possono essere caotiche e influenzate da vari fattori, come l'azione umana, le contaminazioni ambientali o il tempo trascorso dall'evento criminale. Gli investigatori devono affrontare tali sfide, adottando approcci metodici e applicando le migliori pratiche per preservare l'integrità delle prove.

Le analisi che vengono condotte in loco non sono solo importanti ai fini criminologici ma anche dal punto di vista vittimologico: pensa alle interviste condotte con i familiari o conoscenti della o delle vittime, importantissime ai fini della ricostruzione del crimine.

Ho tenuto ad approfondire, passo dopo passo, i diversi step che conducono ad una precisa ricostruzione della scena del crimine proprio perché si tratta di una delle parti più importanti delle indagini investigative.

Il libro si conclude con la narrazione delle storie di alcuni dei più noti serial killer nel mondo fra quelli italiani, britannici e americani. Fra le storie più importanti vi è quella di Leonarda Cianculli, William Palmer o Belle Gunness e altri ancora. Conoscere il loro modus operandi, la storia personale dei serial killer sopra citati così come il loro comportamento e parte della loro psiche è allo stesso tempo intrigante e necessario perché, nonostante tutte le persone siano diverse fra loro, con il loro studio psico-comportamentale è possibile giungere a delle considerazioni generali. In molti casi, infatti, è emerso che alle spalle dei serial killer più spietati vi sono problematiche familiari antecedenti al periodo della loro infanzia. I traumi infantili, com'è noto, possono influenzare lo sviluppo psicologico e comportamentale di un individuo, aumentando anche il rischio di sviluppare comportamenti devianti o antisociali. I traumi dei quali si discute possono causare disturbi dell'attaccamento, problemi di autostima, disturbi dell'umore, ansia, depressione e rabbia. Questi disturbi, poi, possono a loro volta influenzare il modo in cui un individuo gestisce lo stress, le sue emozioni e le relazioni con gli altri. In alcuni casi, tali reazioni possono manifestarsi attraverso comportamenti devianti come l'aggressività, la delinquenza, l'abuso di sostanze o il coinvolgimento in comportamenti criminali.

È importante sottolineare che certamente non tutte le persone con traumi infantili sviluppano comportamenti devianti anche perché l'effetto nocivo che questi hanno sullo sviluppo delle persone è a sua volta influenzato da ulteriori fattori: il supporto familiare, il sostegno sociale, l'accesso ai servizi di salute mentale, la capacità di affrontare e superare gli eventi traumatici.

Nel profondo labirinto della mente criminale, il potere dell'analisi e della deduzione emerge come un vero e proprio faro di luce, guidando gli investigatori nel loro impegno incessante per svelare i segreti più oscuri e portare giustizia a coloro che sono stati vittime del male.

Il criminal profiling rivela la danza intricata tra le tracce lasciate dietro e la psicologia del colpevole, rivelando una narrazione complessa di desideri, motivazioni e tenebre che permeano il mondo criminale. Attraverso la sua disciplina e la sua saggezza, il profiling criminale si erge come un alleato indispensabile nella lotta contro il male, lasciando un'impronta indelebile nella ricerca della verità e nella difesa della giustizia.

BIBLIOGRAFIA

Balloni A., Bisi R., Sette R., *Principi di criminologia. Le Teorie*, Cedam, Padova, 2015.

Bortoletti M., *Analisi dei fenomeni devianti. Devianza. Teoria della devianza e della criminalità*, 2013.

Douglas J. E., Munn C., *Violent Crime Scene Analyis: Modus Operandi, Signature and Staging*, FBI, 1992.

Froggio G., *La devianza delinquenziale giovanile. Analisi prisosociale di un fenomeno complesso*, Laurus Robuffo, Roma, 2014.

Parroni E., Sorrenti M. T., Traditi F., *La scena del crimine: il sopralluogo e il ruolo del medico legale*, 2009.

Rossi L., Zappalà A., *Che cos'è la psicologia investigativa*, Carocci, Roma, 2004.

Seragusa L., *Introduzione al criminal profiling*, 2021.

Università degli studi di Cagliari, *WHO Quality Rights Tool Kit*, 2012.

Vitale D. M., Petruccelli I., *Serial Killers a sfondo sessuale: psicopatia e schemi sessuali devianti*, 2015.

SITOGRAFIA

Balsamo M., *Volevo arrivare a 100: il killer inchiodato dal DNA dopo 49 omicidi*, 2023, reperibile in internet all'indirizzo: https://www.ilgiornale.it/news/cronaca-internazionale/gary-ridgway-green-river-killer-che-firm-almeno-49-omicidi-2110909.html

Bertelloni D., *Epigenetica e comportamento. Evidenze su 5-HTTLPR e MAOA tra depressione e aggressività*, 2022, reperibile in internet all'indirizzo: https://www.unopsicologo.it/epigenetica-e-comportamento-evidenze-su-5-httlpr-e-maoa-tra-depressione-e-aggressivita/

Bonfiglio M., *Serial Killer: differenza fra organizzati e disorganizzati*, reperibile in internet all'indirizzo: https://www.formazionepromethes.it/serial-killer-differenza-fra-organizzati-e-disorganizzati/#:~:text=1.,fortuita%20e%20scelta%20al%20momento.

Braccilli G., *Metodi di profiling e il caso di Mad Bomber*, 2021, reperibile in internet all'indirizzo: https://scienzecriminologiche.com/2021/10/17/metodi-di-profiling-e-il-caso-di-mad-bomber/

Bruzzone R., *Crime Scene Reconstruction e Criminal Investigative Analysis*, reperibile in internet all'indirizzo: https://robertabruzzone.com/crime-sce/

Corona S., *7 tipologie di donne serial killer*, 2020, reperibile in internet all'indirizzo: https://www.samuelecorona.com/7-tipologie-di-donne-serial-killer/

CrimeHQ, *Psychological Criminal Profiling With Paul Britton*, reperibile in internet all'indirizzo: https://www.crimehq.com/crimeconversations-with-paul-britton

D'Orio E., *Rilievi sulla scena del crimine e prove biologiche, ecco le line guida*, 2022, reperibile in internet all'indirizzo:

https://www.agendadigitale.eu/cultura-digitale/rilievi-sulla-scena-del-crimine-e-prove-biologiche-ecco-le-linee-guida/

Delphiethica, *Il sopralluogo sulla scena del crimine,* reperibile in internet all'indirizzo: https://www.delphiethica.com/sopralluogo-sulla-scena-del-crimine/

Di Giovanni V., *Il Criminal Profiling,* 2011, p. 1, reperibile in internet all'indirizzo: https://www.cepic-psicologia.it/wp-content/uploads/2019/08/tesi_digiovanni.pdf

Dna Express, *Il gene della criminalità esiste davvero?,* reperibile in internet all'indirizzo: https://www.dnaexpress.it/criminologia/gene-criminalita/#:~:text=Numerosi%20studi%20di%20criminogenesi%20hanno,al%20comportamento%20e%20all'umore

Focus, *Come si fa il rilevamento delle impronte digitali?* reperibile in internet all'indirizzo: https://www.focus.it/tecnologia/innovazione/come-si-fa-il-rilevamento-delle-impronte-digitali

Focus, *La foto sulla scena del crimine,* reperibile in internet all'indirizzo: https://www.focus.it/cultura/storia/fotografia-forense-sulla-scena-del-crimine

Lavecchia V., *Cosa sono e come funzionano le analisi forensi e la catena di custodia,* reperibile in internet all'indirizzo: https://vitolavecchia.altervista.org/le-analisi-forense-la-catena-di-custodia/

Legione Carabinieri Toscana, *Approccio alla scena del crimine,* reperibile in internet all'indirizzo: http://www.crimontiprenestini.it/images/Manuali/Approccio_alla_scena_del_crimine.pdf

Magliocca D., *Geographic profiling,* 2021, reperibile in internet all'indirizzo: https://www.onap-profiling.org/geographic-profiling/

Massaro B., *Serial killer atipici: forme particolari e non comuni di omicidio seriale,* 2015, reperibile in internet all'indirizzo: http://www.latelanera.com/serialkiller/cerealwiki/wiki.asp?id=329

Mastronardi V. M., Calderaro M., *I killer di massa. Dalle stragi di Charles Manson al massacro di Columbine. Dagli omicidi in famiglia di Erika e Omar a Pietro Maso,* Newton Compton Editori, 2022.

Pedago, *AutoCAD,* reperibile in internet all'indirizzo: https://www.pedago.it/blog/usare-autocad-corso-online-certificato.htm

Polizia Di Stato, *Interviste investigative ed interrogatori,* reperibile in internet all'indirizzo: https://poliziamoderna.poliziadistato.it/articolo/56c491311d290795463308

QualitaPA, *Tipologie di interviste,* reperibile in internet all'indirizzo: http://qualitapa.gov.it/sitoarcheologico/relazioni-con-i-cittadini/comunicare-e-informare/strumenti-di-comunicazione/intervista/tipologie-di-interviste/index.html

Rapisarda C., *Angeli della morte, sei casi dal 1992,* 2016, reperibile in internet all'indirizzo: https://www.agi.it/cronaca/medico_infermiera_killer_eutanasia_saronno_precedenti-1283062/news/2016-11-29/

RasetCriminalistica, *Raccolta, identificazione e conservazione dell'evidenza,* reperibile in internet all'indirizzo: https://www.rasetcriminalistica.it/index.php?option=com_k2&view=itemlist&layout=category&task=category&id=257&Itemid=274

Rosso V., *Chi sono i piromani? La piromania è una malattia mentale? Qual è il profilo psicologico del piromane?* 2018, reperibile in internet all'indirizzo: https://www.valeriorosso.com/2018/02/07/piromani-la-piromania-malattia-mentale/

Saladino V., *Psicologia investigativa,* 2017, reperibile in internet all'indirizzo: https://www.psicotypo.it/psicologia-investigativa/

Severini I., *I serial killer,* 2017, reperibile in internet all'indirizzo: http://www.crimint.it/i-serial-killer/

Trombetta M., *Fotografia Forense,* reperibile in internet all'indirizzo: https://www.forensicnews.it/fotografia-forense/

Vitale I., *Omicidio rituale seriale nelle sette,* reperibile in internet all'indirizzo: https://www.igorvitale.org/omicidio-rituale-seriale-nelle-sette/

VoxInvestigazioni, *La scena del crimine,* reperibile in internet all'indirizzo: https://voxinvestigazioni.it/la-scena-del-crimine/

Printed by Amazon Italia Logistica S.r.l.
Torrazza Piemonte (TO), Italy